国家中等职业教育改革发展示范校建设项目成果教材

中等职业学校文化读本

Zhongdeng Zhiye Xuexiao Wenhua Duben

主　编　邵国成

策划监制　周一农

副主编　周洁人　冯　军　江建平　於　芳

编　委　鲍　艳　金忠义　金华明　傅卫莉　阮晓丰

西南交通大学出版社

·成　都·

图书在版编目（CIP）数据

中等职业学校文化读本／邵国成主编. —成都：
西南交通大学出版社，2015.10（2015.12重印）
ISBN 978-7-5643-4342-2

Ⅰ. ①中… Ⅱ. ①邵… Ⅲ. ①素质教育－中等专业学校－教材 Ⅳ. ①G711

中国版本图书馆CIP数据核字（2015）第237905号

国家中等职业教育改革发展示范校建设项目成果教材
中等职业学校文化读本

主编　邵国成

责任编辑　郭发仔
助理编辑　左凌涛
装帧设计　墨创文化

印张　10.5　　字数　309千
成品尺寸　210 mm×285 mm
版本　2015年10月第1版
印次　2015年12月第2次
印刷　四川煤田地质制图印刷厂

出版发行　西南交通大学出版社
网址　http://www.xnjdcbs.com
地址　四川省成都市金牛区交大路146号
邮政编码　610031
发行部电话　028-87600564　028-87600533

书号：ISBN 978-7-5643-4342-2
定价：45.00元

课件咨询电话：028-87600533

2014 年是中国深化改革年，也是职业教育发展史上具有里程碑意义的一年。2014 年 6 月召开的全国职业教育工作会议为新形势下我国职业教育改革发展指明了新的方向。

培养什么人和怎么培养人历来是教育的根本问题。习总书记在关于职业教育的重要批示中指出，职业教育是“培养数以亿计的高素质劳动者和技术技能人才”。所谓“技术技能人才”，主要是指掌握技术并能应用操作的人才，是既“会”又“懂”、知行合一的人才，是能够持续发展的人才。“技术技能人才”是对职业教育培养人才类型的最新界定，体现了对职业教育人才培养目标认识的深化和创新。在培养人的过程中，所谓教书、管理、服务以及环境，说到底都是文化育人。曾有这样一个故事：老子曾与商容学礼。商容张开嘴巴给老子看，问道：“我的舌头在吗？”老子回答：“在的。”商容又问：“牙齿呢？”老子答道：“没了。”牙齿比舌头坚硬，但是却掉光了。他要告诉老子的，是一个简单而深刻的道理：软的东西比硬的东西更具有生命力。那职业教育该选择什么样的文化来培养人呢?

“一方水土养一方人”，每一片土地都孕育出了独具特色的本土文化，每一所学校也都有自己风格鲜明的校园文化；梁启超先生曾说过“百行业为先”，人人应当“敬业乐群”“安居乐业”。中职学生学习过程中，不仅要学习专业知识，而且要了解产业，了解职业，很好地规划自己的职业生涯。因此，从社会主义核心价值观到职业价值观，从地域文化到校园文化都应成为中职学生专业之外必须掌握的重要内容，这也反映了我们对职业教育应当选择什么样的文化来培养人这个命题的深入思考。

值得称道的是，为了人才培养的共同目标，五所志同道合的学校走到了一起。在国家中等职业教育改革发展示范学校建设过程中，绍兴市中等专业学校本着共建共享的原则与浙江省诸暨市职业教育中心、浙江省嘉善信息技术工程学校、青海水电技师学院、贵州省丹寨县民族职业技术学校等省内外四所学校结成了校园文化建设联盟，并着手开始《中等职业学校文化读本》的编写工作。如此富有创造性的举措，正是一代职业教育人面对新常态的积极担当。五所学校分别处于祖国的东部、西北和西南，地域上分别代表了钟灵毓秀的江南文化，古朴神秘的高原文化，绚烂多彩的民族文化，专业设置上都紧贴地方社会经济发展需要，既齐心协力，又各具特色，而每所学校的辞典里，“文化”都有着不一样的内涵和外延。这本书代表的是大家共同的文化取向和价值主张，是对历史文化积淀的挖掘与提炼，也是对先进文化的吸纳与借鉴。同时，该书图文并茂、简明扼要、可读耐看，我相信，它一定会成为中职学生们乐看悦读的文化手册。

职业教育任重而道远，文化建设永远在路上。

希望《中等职业学校文化读本》的出版能给当前的中等职业学校的文化建设带来一个新的气象和新的起点，也期待我们的参编学校和编者们在职业教育改革发展中取得更大的成绩。

是为序。

绍兴市教育局局长

目 录

中等职业学校文化读本
ZHONGDENG ZHIYE XUEXIAO WENHUA DUBEN

第一篇 绪论

XULUN

第一章　机遇与挑战

职业教育是一种使受教育者获得某种职业或生产劳动所需要的职业知识、技能和职业道德的教育，亦称职业技术教育。它是随着生产、技术和科学的发展而产生和发展的。它的兴衰起落从来都不是孤立发生的，而是始终伴随着新、旧教育思想的更替，反映了整个教育体制的没落与发展。回顾中国职业教育的发展历程，可以发现中国教育体制不断进步的发展轨迹，可以看出现代社会中教育制度的更新与转换，以及职业教育所面临的机遇和挑战。

第一节　发展历程

一、新中国成立前职业教育发展历史回顾

我国早在春秋时代就有了职业教育的萌芽，那时各国遍设礼、乐、射、御、书、数六艺学堂，进行专门技艺教育。东汉时出现了艺术专门学校——鸿都门学（因校馆设在洛阳鸿都门而得名）。唐代出现了“书学”“律学”“算学”和“医学”等各专门学校。鸦片战争前后，由于西方现代生产技术的传入，职业教育作为一种教育体制逐步发展起来，尤其是1866年，福州船政学堂在船政大臣沈葆祯的主持下设立，中国有了第一所自己的职业学校，新式的职业教育出现了蓬勃发展的局面。“职业教育”一词在我国最早出现是在1904年时任山西农林学堂总办姚文栋所写的《添聘普通练习文》。职业教育与早期的实业教育，从基本作用及其教育思想演变过程看可以说是一脉相承。辛亥革命后，国民政府于1912年把职业教育的实业学堂改称为实业学校。那时，力主发展职业教育的有黄炎培、蔡元培、陶行知等人，他们针对鄙视劳动的人，提出了“劳工神圣”“双手万能”的教育思想，积极主张发展职业教育。教育家黄炎培于1917年创办了“中华职业教育社”，指出职业教育的作用是“谋个性之

发展”“为个人谋生之准备”“为个人服务社会之准备”“为国家及世界增进生产力之准备”。然而，在积贫积弱的旧中国，职业教育发展非常缓慢。

二、新中国成立后职业教育的发展历程

1949年新中国成立后，职业教育开始进入新的历史发展阶段。按其历史发展的线索可以分为新中国成立初期、改革开放时期、21世纪初三个时期，这也是与我国经济建设与发展的步伐相一致的。新中国成立初期是职业教育的奠定与初创阶段；改革开放时期是职业教育的蓬勃发展与改革阶段；进入21世纪后，以服务为宗旨、以就业为导向，形成具有中国特色的职业教育制度阶段。

1. 新中国成立初期职业教育的求索

新中国成立初期，党和政府立足当时经济发展建设的实际情况，将职业教育定位为技术教育，并使其成为国民教育体系的重要组成部分。1952年，政务院和教育部陆续颁布《关于整顿和发展中等技术教育的指示》和《中等技术学校暂行实施办法》，确定了大量培养各类中级技术人才，特别是培养国防建设和重工业人才为当时最重要的任务。中等技术学校的培养目标是：培养具有必要的文化、科学基本知识，掌握一定的现代技术，身体健康，全心全意为人民服务的初级和中级技术人才。1954年，政务院、高教部发文，将技术学校与中等专业学校统称为中等专业学校。与此同时，劳动部门根据生产发展需要培养技术工人的要求，对原以训练失业人员就业为主的技工训练班、技工学校进行调整，积极发展以培养中级技术工人为目标的技工学校。至此，形成了一直延续至今的中专、技校教育制度。1958年，为了适应国民经济发展的需要，全国各地陆续办起了农业中学。农业中学的开办，对于普及农村教育，提高农民的文化技术素质，促进农村生产的发展，发挥了一定的作用。可惜，农业中学在“文化大革命”时期几乎全部停办。1963年，中共中央、国务院转发了教育部《中小学教育和职业教育七年（1964—1970）规划要点》，要求在城市举办各种类型的职业学校，随之职业学校才大量兴办起来，以中等职业教育为主的职业教育格局基本形成。

2. 改革开放以来职业教育的发展

改革开放以来，我国职业教育经过二十多年发展，已经成为中国特色的社会主义的一部分。职业教育的价值在不断提高，其巨大的经济功能和社会功能日益彰显。其发展主要经历了变革、发展和调整三个时期。变革时期：十一届三中全会至20世纪80年代中期。这一时期的标志性变革是中等教育结构的调整和高等职业教育的兴起。主要表现在城市部分普通高中改办为职业高中，农村部分普通高中改办为

农业中学，形成了中等职业教育由中等专业学校、技工学校、职业高中三类学校为主体的格局。高等职业教育是在1980年后作为职业教育体系的高层次发展起来的，主要以职工大学、技术专科学校为主，在高等学校中独树一帜，培养了一批与当地经济发展紧密结合的，用得上、留得住的人才。发展时期：20世纪80年代中后期至90年代中期，是我国职业教育迅猛发展与辉煌的时期，中等职业教育占据了中等教育的“半壁江山”。初等、中等、高等职业教育体系的形成与发展，彻底改变了我国原有的教育体系与教育格局。调整时期：20世纪90年代末至21世纪初，我国职业教育进入了调整时期，主要表现为对职业教育的宏观管理格局的重大调整。首先是职业教育宏观管理机构及其职能的调整。1998年，国家教育委员会更名为教育部，并组建了职业教育与成人教育司。其次是调整了职业学校类型，规范了职业学校名称。1998年，确定中等职业教育由职业高中、中等专业学校、技工学校、成人中等专业学校四类组成。1999年，教育部把高等职业教育、高等专科教育和成人高等教育这三类教育简称为高职高专教育。

3. 21世纪初职业教育的深入

20世纪末21世纪初，我国职业教育发展已经驶入了快车道，受到前所未有的关注，并作为整个教育体系的重要组成部分以更加健康、快速的步伐发展壮大。首先，确立了21世纪我国职业教育发展的重大方略，职业教育在构建和谐社会、建设人力资源强国中的地位与作用日益突出。党的十六大提出要加强职业教育和培训，发展继续教育，构建终身教育体系，造就数以亿计的高素质劳动者、数以千万计的专门人才。2002年、2004年和2005年，国家先后三次召开全国职业教育工作会议，颁布了大力推进职业教育改革与发展系列文件，明确了新时期职业教育的地位作用、目标任务和政策措施。教育部确立“十一五”期间职业教育与基础教育、高等教育并列为教育发展三大战略重点，要求以中等职业教育为重点发展职业教育。“三大战略重点”地位的确立，使职业教育真正纳入我国教育事业规划的整体之中。其次，确立了教育结构调整思路，职业教育实现了由发展停滞到完成转型的顺利过渡。教育结构调整总的方向是：普及和巩固义务教育，大力发展职业教育，提高高等教育质量。“十一五”期间，重点发展中等职业教育，使中等职业学校招生与普通高中招生规模大体相当。而21世纪我国全面建设小康社会和走新型工业化道路的发展要求，带动了职业教育新一轮发展高峰的到来。中等职业教育招生规模在经历了长久的低迷状态后，从2002年开始止跌回升，呈现出恢复性增长的势头。最后，职业教育改革继续深入。改革层面从宏观的政策制定深入到微观的教育教学领域、学校发展能力建设方面；改革方向从服务于经济社会需要转变为以人为本、满足个体的全面发展和市场需要的双重目标。尤其是2005年以来，职业教育贫困生资助制度、国家奖学金制度、助学金制度等制度的颁布，为万千职校学子带来了福音，成为构建和谐社会、促进教育公平的重要内容。

第二节　发展机遇

未来国际经济竞争的核心，是技术和人才的竞争。我国要有效地参与国际合作和竞争，就必须切实提高产业和产品的竞争力，这就需要不失时机地大力推进职业教育发展。进入“十二五”以来，教育同产业的结合愈来愈密切。职业教育恰逢机遇，要能把握形势迎接新的挑战。

一、职业教育新政策的春风

“十二五”以来，国家对职业教育及技术人才越来越重视，职业教育发展迎来第二个春天。2014 年 5 月《国务院关于加快发展现代职业教育的决定》（国发〔2014〕19 号）中指出，要“深化体制机制改革，统筹发挥好政府和市场的作用，加快现代职业教育体系建设，深化产教融合、校企合作，培养数以亿计的高素质劳动者和技术技能人才”。2014 年 6 月 23 日至 24 日，全国职业教育工作会议在北京召开，习近平总书记做出指示：“把加快发展现代职业教育摆在更加突出的位置，更好支持和帮助职业教育发展，为实现‘两个一百年’奋斗目标和中华民族伟大复兴的中国梦提供坚实人才保障”。李克强总理强调：“发展现代职业教育，是转方式、调结构的战略举措；也是扩大就业、提升就业质量的重大举措；要发展与市场相匹配的职业教育、培养与市场相匹配的职业人才，形成‘不唯学历凭能力’的社会氛围。”2014 年 6 月 16 日，国家教育部等六部委联合发布的《现代职业教育体系建设规划（2014—2020 年）》（教发〔2014〕6 号）提出，“牢固确立职业教育在国家人才培养体系中的重要位置，到 2020 年，形成适应发展需求、产教深度融合、中职高职衔接、职业教育与普通教育相互沟通，体现终身教育理念”。2015 年 6 月 1 日，《浙江省人民政府关于加快发展现代职业教育的实施意见》（浙政发〔2015〕16 号）提出：“坚持以立德树人为根本，以服务发展为宗旨，以促进就业为导向，以深化改革为动力，强化学校、企业及用人单位共同责任，创新育人模式，提高育人质量，增进学校人才培养与社会人才需求和使用的契合度，强化职业教育的吸引力、竞争力，为我省经济社会转型升级提供良好的技术技能人才支撑。”新的政策为提高职业教育的社会认可度、产教结合难点的突破和办学要素资源的保障等带来了机遇，同时也意味着职业教育的后续发展会面临更多挑战。

二、国家经济形势的变化

“十二五”以来，我国经济形势出现了一些新的变化，产业、工业结构有所调整，“一带一路”、《中国制造 2025》的颁布印发、跨境电子商务等新型经济模式兴起，贸易形式更加开放、多维、立体，这对于始终以服务于经济发展为己任的职业教育来说是机遇更是挑战。

1. 我国产业、工业结构的新特点

2014 年 12 月 16 日，第三次全国经济普查结果公布，我国产业、工业结构结构发生了变化。一是产业结构。第一产业占国民经济比重下降，第二、三产业规模总量稳步扩大，尤其是第三产业大幅超过第二产业，成为国民经济的第一大产业。这说明我国开始从工业主导型经济向服务业主导型经济转变。二是工业结构。我国的工业规模依然继续扩大，甚至若干产业已经到达国际先进水平，但就综合素质而言，我国工业化仍然任重道远。首先，我国工业的主体部分仍处于国际竞争力较弱的水平。如果把我国工业制成品按技术含量低、中、高的次序排列，其国际竞争力大致呈 U 形分布，即两头相对较高，“中技术”的行业如化工、材料、机械、电子、精密仪器、交通设备等，国际竞争力显著较低，而这类产业恰恰是工业的主体和决定工业技术整体素质的关键。其次，我国工业的大多数行业均未占领世界产业技术至高点。许多重要产品同先进工业国家（德国、日本、美国）还有几十年、甚至更长时间的技术差距。就是一些国际竞争力较强、性价比高、市场占有率很大的产业，其核心元器件、控制技术、关键材料均需依赖进口，导致我国工业产品的精致化、尖端化、可靠性、稳定性等技术性能同国际先进水平相比仍有较大差距。因此，我们还要继续高举工业化旗帜，将工业化进行到底，并且要走新型工业化的道路。此外，不管是发展生产性服务业，还是发展新型工业化，都需要大量的高技能人才。没有足够的懂业务会管理的复合型技能人才，现代服务业不可能发展；没有足够的“现代机械+知识性员工”对大量“传统机械+简单劳动力”的替代，新型工业化也只是纸上谈兵。因此，在现阶段职业教育培养高技能人才正逢其时。

2. “一带一路”

2013 年 9 月 7 日，习近平主席在哈萨克斯坦纳扎尔巴耶夫大学发表重要演讲，首次提出了加强政策沟通、道路联通、贸易畅通、货币流通、民心相通，共同建设“丝绸之路经济带”的战略倡议。2013 年 10 月 3 日，习近平主席在印度尼西亚国会发表重要演讲时明确提出，中国致力于加强同东盟国家的互联互通建设，愿同东盟国家发展好海洋合作伙伴关系，共同建设“21 世纪海上丝绸之路”。在 2014 年的博鳌亚洲论坛年会开幕大会上，我国全面阐述了亚洲合作政策，并特别强调要推进“一带一路”的建设。由此，“一带一路”规划被认为是“中国版马歇尔计划”的战略载体。“一带一路”不是一个实体和机制，而是合作发展的理念和倡议，是充分依靠中国与有关国家既有的双多边机制，借助既有的、行之有效的区域合作平台，借用古代“丝绸之路”的历史符号，秉持“亲、诚、惠、容”的周边外交理念，以人文交流为纽带，以共商、共建、共享为原则，积极主动地发展与沿线国家的经济合作伙伴关系，共同打造政治互信、经济融合、文化包容的利益共同体、命运共同体和责任共同体。据调查，陕西、甘肃、青海、宁夏、新疆、重庆、四川、云南、广西等西部 9 省区市，江苏、浙江、广东、福建、海南等东部 5 省参与其中，部分“区域段”已有框架规划，并启动项目建设。对当地产业而言，文化、旅游、贸易、金融、交通、基建首先获益。

3.《中国制造 2025》

《中国制造 2025》由百余名院士专家着手制定，为中国制造业未来 10 年设计顶层规划和路线图，后经国务院总理李克强签批，由国务院于 2015 年 5 月印发，是中国实施制造强国战略第一个十年的行动纲领。《中国制造 2025》是新世纪以来，新一轮科技革命和产业变革正在孕育兴起，全球科技创新呈现出新的发展态势和特征。这场变革是以信息技术与制造业的深度融合，制造业数字化、网络化、智能化为核心，建立在物联网和务（服务）联网基础上，同时叠加新能源、新材料等方面的突破而引发的新一轮变革，将给世界范围内的制造业带来深刻影响。这一变革，恰与中国加快转变经济发展方式、建设制造强国形成历史性交汇，这对中国是极大的挑战，同时也是极大的机遇。其目标是通过努力实现中国制造向中国创造、中国速度向中国质量、中国产品向中国品牌三大转变，推动中国到 2025 年基本实现工业化，迈入制造强国行列。

4. 跨境电子商务

跨境电子商务是指分属不同关境的交易主体，通过电子商务平台达成交易、进行支付结算，并通过跨境物流送达商品、完成交易的一种国际商业活动。电子商务与传统的交易方式相比，其一个重要特点在于电子商务是一种无边界交易，不受传统交易的地理因素制约。它不仅冲破了国家间的障碍，使国际贸易走向无国界贸易，同时它也正在引起世界经济贸易的巨大变革。

对企业来说，跨境电子商务构建的开放、多维、立体的多边经贸合作模式，极大地拓宽了进入国际市场的路径，大大促进了多边资源的优化配置与企业间的互利共赢；对于消费者来说，跨境电了商务使他们非常容易地获取其他国家的信息并买到物美价廉的商品。

三、劳动光荣价值观的引导

2015 年 4 月 28 日，庆祝“五一”国际劳动节暨表彰全国劳动模范和先进工作者大会在北京人民大会堂隆重举行。中共中央总书记、国家主席、中央军委主席习近平在会上发表重要讲话。习近平在讲话中指出：“我们要始终弘扬劳模精神、劳动精神，为中国经济社会发展汇聚强大正能量。”“一定要在全社会大力弘扬劳模精神、劳动精神，引导广大人民群众树立辛勤劳动、诚实劳动、创造性劳动的理念，让劳动光荣、创造伟大成为铿锵的时代强音，让劳动最光荣、劳动最崇高、劳动最伟大、劳动最美丽蔚然成风。”他还强调，“我们要始终高度重视提高劳动者素质，培养宏大的高素质劳动者大军。提高包括广大劳动者在内的全民族文明素质，是民族发展的长远大计。要深入实施科教兴国战略、人才强国战略、创新驱动发展战略，把提高职工队伍整体素质作为一项战略任务抓紧抓好，实施职工素质建设工程，推动建设宏大的知识型、技术型、创新型劳动者大军。要深入开展中国特色社会主义理想信念教育，打造健康文明、昂扬向上的职工文化，拓展广大职工和劳动者成长成才空间，不断提高思想道德素质和科学文化素质。”习近平的讲话给职业教育技术技能型人才及高素质劳动者的培养带来了机遇，同时也对职业教育的人才培养提出了更大的挑战。

第二章　未来的人才观

职业教育如何培养区别于一般劳动者的技能性人才，以满足国家、社会和用人单位需要，让他们拿比别人更高的工资并具有创新和可持续发展能力，以适应未来社会发展的需要。在职业教育大众化、多样化甚至普及化的今天，拿什么来吸引学生、家长和社会，形成良性循环，需要我们进行顶层设计，来解决培养什么样的人；用什么样的方法来实现我们培养人的目标；用什么样形式来检验我们培养的人才。

《教育大辞典》中对“人才观”的解释是：关于人才现象和问题的基本观念体系，诸如对人才的本质、标准、成长过程和开发使用等每一方面的基本看法，它受一定的政治经济制度、生产力水平的制约，并受意识形态、伦理观念、文化传统和科学技术发展的影响，具有历史性和时代性，在阶级社会中常带有阶级性，对教育的目的、目标、制度、内容和方法等均会产生影响。

由上可知，职业教育的“人才观”应该是人们根据社会发展的需要，提出的关于职业教育人才培养的内涵、标准、质量等一系列问题的基本观点。具体讲就是职业教育的人才观、教学观和质量观。

第一节　职业教育的人才观

职业教育强调实用技术，培养的是一种技能型人才。虽然衡量人才标准很多，职业教育又是一种大众教育，但我们必须牢记，我们培养的学生不是粗放、低技能层次的产业劳动者，也不是密集性劳动者，而是有品位、有技能的、企业需要的人才。

为此，我们要构建全新的职业教育人才观，抓住国家推进现代职业教育体系建设，打通职业教育学生从中职、专科、本科到研究生的上升通道的契机，使我们培养的学生不但有过硬的专业技能和文化素养，而且还得到社会认可和企业欢迎，形成良性循环，不断地吸引学生愿意而且是乐意上职校。要达到以上目标，我们培养的“人才”要具有以下特点:

（1）职业教育培养出的人才要在不同的工作环境均能发挥其作用，能不断学习适应新的工作要求，有效地解决由不同情境引发的问题。

（2）职业教育培养的人才要按社会需求培养适应某种职业岗位群的专业能力，而不是单一技能的人才。因为随着产业结构的转型升级，我们培养的学生会因工作的需要从一个行业到另一个行业，从一个岗位到另一个岗位。

（3）我们培养的学生在适应市场、职业、岗位变化的过程中，要有可伸缩的综合能力和持续学习的基础。所以他们：

首先，应掌握一定的自然科学和人文科学的基础知识，具有某种职业岗位群共同的专业理论知识，为适应未来快速变化的职业奠定坚实的文化知识基础。

其次，要有变通性，要以某一岗位的一技之长为主，同时又能在相近职业岗位范围内实现能力迁移。

最后，具备今后多次创业和就业的潜在素质，包括创新精神、良好的个人品质、善于学习的能力以及广泛的兴趣和爱好。

虽然目前职业教育培养的学生还存在着人文素养不高，社会认可度低等问题，但随着国务院《关于加快发展现代职业教育的决定》等一系列政策出台，把创新各层次各类型职业教育模式落实到多样化人才培养的教育教学过程、课程教材创新过程、实习实训过程、职业精神和职业技能培养过程，搭建人人皆可成才的“立交桥”，努力让每个人都有人生出彩的机会。我们相信长此以往，人们对职业教育培养的“人才”的许多片面甚至错误的看法会得到持续的改善。

第二节　职业教育的教学观

职业教育教学观是指职业学校教师对职业教育教学的本质和过程的基本看法。这种教学观支配着教师的教学实践活动，决定着教师在教学活动中采取的态度和方法。

因此，我们也可以理解为:根据学生的需求和兴趣，围绕着专业岗位群的能力要求，将所要教的内容按岗位操作流程和技能要求设计成一个个项目，学生通过完成一个个项目来实现知识的掌握与技能熟练。在这一过程中，要关注学生的心理感受、师生关系和发展性评价对学生带来的积极作用。

长期以来，职业教育的教学观受普通教育的影响，在教学内容上大多按学科体系进行编排，在教学形式上按演绎推理的方式进行讲解，在评价手段上按分数的高低进行判断，这种传统的教学观已不适应现代职业教育的需要，更不能适应职业学校的学生的实际情况，越来越反映出其弊端，必须探索新的职业教育教学观。

首先，我们要根据职业教育强调实用技术，培养技能型人才的特点，要使和我们的教学目标和职业岗位群的能力要求相对接，需要我们在广泛调研的基础上，与行业的专家、生产一线的管理人员一起编写我们职业学校的专业技能项目校本教材，打破学科界限，并模拟职业情境，采用“做中学”的理实一体化教学形式，让学生感悟除教师教的显性知识以外的隐性知识习得，这种隐性经验是个体在正规或非正规的教育活动中通过自己活动获得的，难以用语言表达。而职业教育培养实用技能人才，更重视按操作流程进行的程序性知识传授，而程序性知识中的“技巧”一般都是“隐性”的。

其次，学校应以实训基地为基础，通过设置问题情境和模拟职业活动情境，使学生在真实或仿真的环境中，通过自身的体验，从中领悟隐性职业经验，掌握专业技能。

第三节　职业教育的质量观

职业教育质量观是社会、用人单位、高职院校、职业学校自身对职业教育质量的基本看法，它包括教学工作、学校管理、学生、教师以及职业学校的各种软硬件设施等多种因素，但其核心是人才培养的质量。

因此，就职业学校来讲，其教育质量应从毕业生掌握的知识程度、职业能力、综合素养等职教初期的质量观，向复合性、适应性、多样性转变，以适应知识经济时代对人才质量的更高要求。

教育质量从毕业生掌握的知识程度、职业能力、综合素养的质量观来看，其关注的是学生掌握理论知识的多寡、深浅、宽窄；是学生在实际工作中能迅速上岗，做出好成绩；是学生认知、做事、合作与发展等综合素质。其培养目标已经从单一的职业岗位拓展到职业群、职业生涯，着眼于人的可持续发展。就一般的职业教育而言，做到这些，就能得到目前社会的认可。

但从社会经济发展的眼光来看，未来的职业教育质量观应该具备以下几点：

应重视人才的复合性，把知识、能力、素质三者融为一体作为评价标准。侧重强调，知识是发展能力和提高人的整体素质的基础，能力是知识和素质的外在表现，素质是知识和能力转化而形成的内在品质。三者相互联系、相互依赖、相互作用，不可分割。

应重视人才的适应性。以满足学生、家长、企业、国家随着社会的发展、生产力水平的提高、产业结构的转型升级所带的——从现实和未来的市场需求出发，进行职业学校专业和课程设置的变化，不断深化教学改革，满足市场和学生的需要，提升职业学校对人才培养质量因市场和需求变化的适应性。

应树立人才多样性的观念。职业学校由于办学的条件不同，专业特色不同，师资水平不同，区域经济发展水平不同，因此，职业学校培养的人才质量不能用“统一的职业教育办学标准”来评价教育质量，而是应该在服务地方经济的质量上结合社会和各自优势，确立自己的发展目标，构建具有特色的，多样化的人才培养模式，办出个性。这是认识和把握职业教育质量的关键。

总之，随着社会的发展进步，职业教育的人才观应随着生产力水平的提升、区域经济的特色、社会要求的变化而变化。从职业教育的人才观、教学观和质量观上去不断丰富和发展其内容，使职业教育成为普通大众心中可以依赖的教育。

第三章　以文化人与文化立校

文化是什么？据《现代汉语词典》相关词条解释，文化是人类在社会历史发展过程中所创造的物质财富和精神财富的总和，特指精神财富，如文学、艺术、教育、科学等。而根据百度词条相关搜索，文化是指人类活动的模式以及给予这些模式重要性的符号化结构。作家龙应台则认为文化是代代累积沉淀的习惯和信念，渗透在生活的实践中。也有人说，文化是精神价值和生活方式的生态共同体，它通过积累和引导，创建集体人格。总而言之，根据相关解释，文化更多是属于精神层面的东西。

德国哲学家黑格尔认为，“人是靠精神活着的”。一个人如果没有精神支柱，就会意志消沉、思想颓废、一蹶不振。同样，一个校园如果没有文化精神引领，它就没有自己的办学特色，就像人失去灵魂一样。因此，“以文化人”，就是以人为本，以文化的无穷力量去感染、激励、教育学生，以实现“全面发展、人人出彩”的目标；“文化立校”，顾名思义，学校作为育人的场所，应该以培养健全的“人”为目的，以具有化育功能的“文”为滋润人格与培养生命智慧的方式。只有这样，学校才能成为生命成长的沃土。

我们所认为的学校文化是以其所处的社会文化为基础，以学校为地理环境圈，由全体师生在学校长期的教育实践过程中创造并积淀而来的，并为其成员所认同和遵循的价值观、精神、行为准则及其规章制度、行为方式、物质设施等的一种整合和结晶，其作用在于影响和制约学校内人的行为，其价值在于促进学校内人的发展。

第一节　以文为“根”

一、学校文化寻“根”

在人类历史的进程中，每个地域都形成了其独有的文化。浓郁的地域文化氛围，不但营造了良好的社会文化环境，陶冶了人的审美情操，激发了人的创造能力，而且在地域文化发展与变迁过程中，在继承与拓展的基础上，形成了博大精深的地域文化内涵。

绍兴市中等专业学校和诸暨市职业教育中心与古越大地的悠久文明血脉相连，在绍兴这座有着2 500年建城史的古城中，卧薪尝胆的古越精神，江南鱼米之乡、水乡、酒乡、桥乡、名士之乡的浓厚文化氛围，都成为学校文化生长的土壤。丹寨县民族职业技术学校融贵州光荣的革命文化传统与丰富多彩的民族文化于一体，学校文化如茅台酒般香醇飘拂于山川绿水之间，浓厚而绵长。嘉善信息技术工程学校地处于素以鱼米之乡、丝绸之府、文化之邦名扬天下的嘉善县，具有“百里郊原似掌平，竹枝唱出尽吴声；走遍绿野停舟晚，灯火渔火相映明”的诗意。青海水电技师学院在青海悠扬的民歌“花儿”、奔放的藏族歌舞、抒情优美的土族民间舞蹈《安昭》《纳顿》、民间佛教绘塑“热贡艺术”、藏族卷轴画“唐卡艺术”等民族艺术中徜徉，充满了多元与开放的元素。

这些都启发我们：要充分开发学校特有的地域文化资源，构建学校独特的文化体系，形成和谐的学校文化，达到以文化人的目标，为学生终身发展打下坚实的基础。

二、学校文化顶层设计

学校文化是一种无形的精神力量，可以积极地影响校园个体的政治素质、价值取向、知识技能、人格心理等诸多方面。在不断地感染和熏陶下，人的思想能够得到塑造，心灵得到陶冶，个性得到发展，这也更有利于全面地推进教育改革及素质教育的发展。职业学校的职能是为社会输送大量的高素质劳动者和技术技能人才，如何培养教育学生并促使其健康成长是学校发展的落脚点。可以说，学校文化是学校生命所在，是学校核心竞争力所在。因此，许多学校都应立足于地域文化，以“育人”为目标，做好学校文化顶层设计，不断探寻适应学校未来发展的文化模型，铸就学校文化风骨。

第二节　以文为“桨”

学校文化是一个学校发展的灵魂，是凝聚人心、展示学校形象、提高学校文明程度的重要体现。它是以学生为主体，以校园为主要空间，以育人为主要导向，以精神文化、制度文化、环境文化建设等为主要内容，以校园精神、文明为主要特征的一种群体文化。各学校应以文化作“桨”，破浪前行，各显神通。

一、精神文化建设凝炼“精气神”

精神文化是学校文化的核心，包括校园精神、发展目标、意识形态文化等。学校精神文化应从哪些方面展现呢？我们认为主要应该体现在：办学理念、校徽、校歌、校训、教风、校风等方面。绍兴市中等专业学校的“学致用，行至诚”，诸暨市职业教育中心的“以德修身，以技立业”，嘉善信息技术工程学校的“做一个有思想的人”，青海水电技师学院的“尚德健行，笃学砺能”，丹寨县民族职业技术学校的“培养合格的初、中级技能人才”等校训和办学理念，无不彰显了学校精神文化的“精气神”。

而五校一起编写的《中等职业学校文化读本》，则从校园文化、经典文化和职业文化角度入手，通过“我们的家园、我们的价值观、我们的职业”三个主题篇章，反映不同地域各具特色的学校文化，传递优秀传统文化精神和社会主义核心价值观，培养职业意识和职业精神，使文化读本成为传播校园文化的“静态”课堂，并成为引领中西部职业教育发展的有效载体。此外，五校各自打造的校歌和校报，是两种一动一静的不同媒介，能够让师生在韵律之美、墨笔之香中，领会和传诵学校的文化理念，感悟和发扬学校的人文精神。

二、制度文化建设完善“情理法”

“没有规矩，不成方圆”。学校制度建设是加强学校文化建设的重要保障。学校制度文化是由学校制度所承载、表达、衍生和推动的文化，它是一所学校渗透在体系架构、规章制度、工作流程、岗位职责中的办学价值观、办学风格和办学特色的具体体现。如绍兴市中等专业学校的《学校章程》，以建设现代化学校为目标，结合“立”文化对人的培养和发展的要求，依托学校发展工作室，做好学校三年发展规划，全面制订修改各类学校管理制度，使其成为改革规范学校内部管理的法则。

学校制度是有形的制度与无形的价值的有机结合。一方面我们要以有形的制度作为学校管理的载体，另一方面以无形的价值在学校诸多领域中体现出来，不仅仅是体现在制度的本身，更重要的是通过制度的贯彻和实施，体现在一切结构组织、激励评价、过程方法、教育创新、行为方式、人际关系、目标价值等之中。把制度上升到文化的高度，目的不仅在于坚持把制度作为一种执行的标准和依据，更在于使制度以文化的方式深入人心，把制度变成一种力量和精神，传递出坚定的信念。

三、环境文化建设提升“色香味”

环境是育人的“沃土”，要注重“硬”环境条件的建设，要充分利用校园的每一个角落，营造良好环境和氛围，使校园的一草一木、一砖一石都体现教育的引导和熏陶作用。校园环境还要突出“软”环境的培植，在专业学习、技能实践、团队精神、思想导向及生活等方面营造出良好的成长环境。环境设计应充分体现不同的集体和个人对校园文化的认识与理解，赋予它丰富的生命力，形成独特的人文氛围，使每一个环境都成为学生进行学习、探究、实践的园地，为学生的发展提供更为宽阔的空间。

网络作为“第四媒体”进入校园，对传统教育提出了挑战，校园网络文化已成为校园文化网络的重要组成部分，以其独有的方式深刻地影响着和潜移默化地改变着学生，特别是改变着学生的认知、情感、思想和心理。要依托学校门户网站，建设 E-learning 平台，组建教学资源库，打造微课基地，使网络学习成为学校教学的重要组成部分。要引导和实施有效的监管，抓好学校贴吧、论坛、微博、QQ 和微信管理，传播学校文化精神、弘扬社会主义核心价值观，营造健康文明、蓬勃向上的网络氛围。

四、活动文化弘扬中专“真善美”

校园文化活动是学校文化建设的主要内容。职校教育的最终目的是为社会培养大批有知识、有技能、有良好人格和个性的人才。相对而言，课堂教学是一种共性的教育活动，而校园文化活动则可更充分地使学生施展才华，发展个性。在校园文化活动中，要始终坚持以爱国主义教育为重点，以弘扬社会主义核心价值观为主导，以专业、科技、文娱、体育和社会实践活动为基础，结合学校的传统与实际，建设以社会主义文化和优秀民族文化为主体的健康生动的学校文化，让健康、高雅、生动的文化活动占领学校文化阵地。

绍兴市中等专业学校独创“日循周环式”主题校园文化活动，通过“主题星期一”“快乐星期二”“道德星期三”“社团星期四”“安全星期五”“亲情星期六”“公益星期日”等为载体开展德育教育，提升学生职业素养，引导学生形成自律的良好品质。诸暨市职教中心开展“百师讲堂”活动，由教师根据自己的兴趣特长和知识面自拟主题，自编讲稿，自做课件，面向全校学生进行宣讲。嘉善信息技术工程学校开展“文明礼仪月”教育活动，每年 10 月，以“文明示范班级”和学校“文明之星”的评比为抓手，推动文明礼仪月各项活动开展，让“文明之花”在校园处处绽放。青海省水电职业技术学校举办“技能月”活动，在每年 4 月进行，是以“参与、竞技、创新、提高”为宗旨的全校性学生技能竞赛活动。丹寨民族职业学校的芦笙芒筒表演活动，在音乐与舞蹈的应和中传承少数民族地方民族文化，让师生获得美的熏陶。在活动中，学生的兴趣得到培养、个性得到张扬、潜能得到发展；在活动中，学生的心智被唤醒、生命得到润泽、人格不断完善。

第三节　以文为“魂”

学校文化是学校的核心竞争力。以文化立校，创建具有独特品质魅力的学校文化，是提升教育内涵的重要方面。学校文化是土壤，孕育着学校精神；学校文化是根基，生长着学校特色；学校文化是力量，提升着学校品质。用文化引领教育，用文化经营学校，是一流学校走向成功的基本策略。学校文化的特色也绝非空穴来风，而是来自于学校长期办学的行为积淀，只有从中挖掘、提炼出来的文化特色才能与学校本身血脉相容，适合学校长期贯彻和建设，成为学校的品牌。

绍兴市中等专业学校围绕“立”字进行核心文化思想的探索和研究，将其同社会主义核心价值观和培养“职业精神与职业技能”兼备的职业人的要求结合起来，形成了“立文化”架构。“立文化”以“立德、立志、立业”为方向，以“立规、立言、立行”为实施途径，最终达成“文化立人、品质立校”的目标。立德，重在引导全体师生传承和弘扬社会公德、家庭美德、个人品德和职业道德；立志，重在引导全体师生立足当下、放眼长远，树立远大理想、加强人生发展规划；立业，重在引导全体师生勤于学业、立足职业、追求事业、建立功业。基于该理念的学校文化建设，将遵循“以精神文化引领人、以制度文化激励人、以环境文化熏陶人”的建设路径，对学校文化建设进行整体规划和设计，并通过文化宣传和交流，不断扩大学校文化的影响力，丰富和深刻学校文化的内涵，提升和壮大学校文化的格局，努力探索独具特色的学校文化。

“潮平两岸阔，风正好扬帆”，只要各校坚持在“以文化人，文化立校”的路途上探幽前行，相信他们的文化问道之旅一定会载誉而归，到达教育的幸福彼岸。

第二篇 我们的家园

WOMEN DE JIAYUAN

第四章 我们的家乡

“家”是居住的地方，“乡”是一个地方的统称。家乡，是指自己生长的地方或祖籍，也指自己家庭世代居住的地方，又被称为“故乡”“老家”“故园”等。

无论是土生土长的本地人，还是生活在当地的外乡人，或者是旅居在海外的华侨，谁不对自己的家乡有份难舍的情怀？家乡是孕育生命的摇篮，记载着自己的人生轨迹，想起自己的家乡，就会想起家乡的亲人，想起带给自己快乐的童年和充满乐趣的美好青春。家乡除了她固有的可爱之外，还被注入了情感的内涵，并融进了我们的生命每一个角落。

古往今来，家乡也一直是文人骚客们亘古不变的话题。“树高千尺，落叶归根”，故乡之思，永远都是游子的至诚抒怀。在他们看来，家乡是他们心灵的依靠、感情的寄托。家乡是缕阳光，冷寂时可以寻得温暖；家乡是个港湾，孤单时可以停泊。他们借诗言志，表达自己对家乡的思恋，亦由此产生了无数动人的诗章。

我的家乡是____。

让我们一起走进我们的家乡！

西江千户苗寨

第一节　高原图景

苗寨廊桥

苗寨姑娘

苗王鱼

鼓藏肉

贵州高原平均海拔约 1 000 米。除分布于北部的大娄山、东北的武陵山，西部的乌蒙山和东南部的苗岭普遍都高达 1 500～2 600 米，乌蒙山的主峰甚至高达 2 900 米。

贵州是中国古人类的发祥地和中国古文化的发源地之一，具有深厚的历史文化传统，其在战国、秦汉时期成为夜郎国的中心，形成了今日散落于贵州各地众多关于夜郎文化的遗存和传说。

贵州具有光荣的革命文化传统，遵义会议的召开成为中国革命的历史转折，而多民族共居的社会环境为贵州创造了丰富多彩的民族文化。贵州民族菜是中国黔菜的重要组成部分，是贵州境内多个民族在与自然界斗争谋生存的过程中逐步形成和发展起来的积聚地方民族个性的特色菜肴。贵州是名酒之乡，酿酒历史可追溯至战国时期，是茅台酒的产地，其香醇飘摇于贵州各地的山川绿水之间，浓厚而浸润，一如丰满而多彩的贵州文化。

一、千户苗寨

（1）地理坐标：中国西南，贵州雷山。

（2）历史地位：西江千户苗寨是一个苗族“原始生态”文化保存完整的地方，由十余个依山而建的自然村寨相连成片，是目前中国乃至全世界最大的苗族聚居村寨。它是领略和认识中国苗族漫长历史与发展之地。

（3）人文信息：西江每年的苗年节、吃新节，十三年一次的牯藏节等均名扬四海，西江千户苗寨是一座露天博物馆，展览着一部苗族发展史诗，是观赏和研究苗族传统文化的大看台。西江有远近闻名的银匠村，苗族银饰全为手工制作，其工艺具有极高水平。此外，该地还有糍粑、苗银、苗族刺绣、苗族米酒等特产。

二、遵义城

（1）地理坐标：遵义是贵州省下辖的地级市，地处中国西南腹地，位于贵州省北部，北依大娄山，南临乌江，古为梁州之城，是由黔入川的咽喉，黔北重镇。

（2）历史地位："遵义"其名出自《尚书·洪范》："无偏无陂，遵王之义。"是首批国家历史文化名城，中国著名的酒文化名城。以生产名酒茅台、习酒、董酒而驰名中外，是贵州省着力打造的"名烟名酒名茶"基地。

（3）人文信息：1935年，中国共产党在这里召开了著名的遵义会议，是党历史上一个生死攸关的转折点，因此，遵义也被称为"转折之城，会议之都"。

遵义会议会址

三、黄果树瀑布

（1）地理坐标：位于中国贵州省安顺市镇宁布依族苗族自治县内的白水河上游。

（2）历史地位：黄果树瀑布，即黄果树大瀑布。古称白水河瀑布，亦名“黄葛墅”瀑布或“黄桷树”瀑布，因本地广泛分布着“黄葛榕”而得名。其为黄果树瀑布群中规模最大的一级瀑布，是世界著名大瀑布之一。

（3）人文信息：黄果树瀑布以水势浩大著称。瀑布高度为77.8米，其中主瀑高67米；瀑布宽101米，其中主瀑顶宽83.3米。黄果树瀑布属喀斯特地貌中的侵蚀裂典型瀑布。明代地理学家、旅行家、散文家徐霞客经黄果树瀑布入滇，对黄果树瀑布进行了考察和记录。其后历代文人墨客作诗撰文赞颂黄果树瀑布。明末“天未才子”谢三秀诗中有“素影空中飘匹练，寒声天上落银河”；清康熙年间曾任贵州巡抚的田雯曰：“匡庐瀑布天下称奇绝，何如白水河灌犀牛潭，银汉倒倾三迭而后下，玉龙饮涧万丈哪可探。”清代诗人郑子尹用“九龙浴佛”“五剑挂壁”“美人乳花”“神女佩带”来描述黄果树瀑布，说其“白水瀑布信奇绝，占断黔中山水窟”。近、当代众多名人游历黄果树赞美大瀑布的诗文题记很多，如摄影家吴印咸、美学家王朝闻、书法家肖娴、国画家吴作人、经济学家于光远等，都对黄果树瀑布赞誉颇多。

黄果树瀑布

黄果树瀑布节

徐霞客

贵州蜡染

四、贵州蜡染

（1）地理坐标：蜡染是贵州省丹寨县、安顺县、织金县苗族世代传承的传统技艺。

（2）历史地位：蜡染古称蜡或“蜡缬”，苗语称“务图”，意为“蜡染服”。与绞缬（扎染）、夹缬（镂空印花）并称为中国古代三大印花技艺。

（3）人文信息：蜡染是用蜡刀蘸熔蜡绘花于布后以蓝靛浸染，浸染去蜡，布面就呈现出蓝底白花或白底蓝花的多种图案，同时，在浸染中，作为防染剂的蜡自然龟裂，使布面呈现特殊的“冰纹”，尤具魅力。由于蜡染图案丰富，色调素雅，风格独特，用于制作服装服饰和各种生活实用品，显得朴实大方、清新悦目，富有民族特色。

载歌载舞

石头寨

喀斯特溶洞

跳洞迎春

五、贵州溶洞文化

（1）地理坐标：溶洞在全球范围有着广泛的分布，它的形成是石灰岩地区地下水长期溶蚀的结果，石灰岩里不溶性的碳酸钙受水和二氧化碳的作用能转化为微溶性的碳酸氢钙。由于石灰岩层各部分含石灰质多少不同，被侵蚀的程度不同，就逐渐被溶解分割成互不相依、千姿百态、陡峭秀丽的山峰和奇异景观的溶洞，由此形成的地貌一般称为喀斯特地貌。

（2）历史地位：贵州是世界上喀斯特溶洞分布最广、发育最典型的地区，是世界上著名的喀斯特地貌之乡，黄果树溶洞群、龙宫溶洞群、织金洞溶洞群等都是举世闻名的溶洞群。

（3）人文信息：早在旧石器时代，贵州高原上普遍发育良好的喀斯特溶洞就成为远古人类的栖息所。在目前发现的贵州100多处史前遗址中洞穴遗址就占了90%以上，为全国罕见，这种以洞为居的生活方式，从史前一直延续到了近代，并在长期的发展中形成了具有鲜明特点和浓郁民族特色的贵州喀斯特溶洞文化。

六、滇藏茶马古道

（1）地理坐标：滇藏茶马古道大约形成于公元六世纪后期，它南起云南茶叶主产区西双版纳易武、普洱市，中间经过今天的大理白族自治州和丽江市、香格里拉进入西藏，直达拉萨。有的还从西藏转口印度、尼泊尔。

（2）历史地位：滇藏茶马古道是古代中国与南亚地区一条重要的贸易通道。普洱是茶马古道上独具优势的货物产地和中转集散地，具有悠久的历史。

（3）人文信息：茶马古道沟通了沿途各民族的文化交流。在茶马古道上的许多城镇中，藏族与汉、回等外来民族亲密和睦，藏文化与汉文化、伊斯兰文化、纳西文化等不同文化并行不悖，而且在某些方面互相吸收，出现复合、交融的情况。例如在康定、巴塘、甘孜、松潘、昌都等地，既有金碧辉煌的喇嘛寺，也有关帝庙、川主宫、土地祠等汉文化的建筑，有的地方还有清真寺、道观。各地来的商人还在城里建立起秦晋会馆、湖广会馆、川北会馆等组织，将川剧、秦腔、京剧等戏剧传入藏区。在茶马古道出现了不同民族的节日被共同欢庆；不同的民族饮食被相互吸纳；不同的民族习俗被彼此尊重的文化和谐氛围。文化的和谐又促进了血缘的亲合，汉藏联姻的家庭在这里大量产生，使民族团结之花盛开在茶马古道之上。

滇藏茶马古道

第二节　江南水乡

“江南好，风景旧曾谙；日出江花红胜火，春来江水绿如蓝。能不忆江南？”这首《忆江南·江南好》，总能轻易把人们的思绪牵到风景如画的江南。

江南，自古就享有人间天堂之美誉。这里河湖交错，水网纵横，小桥流水、古镇小城、田园村舍，如诗如画。江南水乡所处的长江三角洲和太湖水网地区，气候温和，季节分明，雨量充沛，因此形成了以水运为主的交通体系。居民的生产生活依赖着水，这种自然的环境和功能的需要，塑造了独树一帜、极富韵味的江南水乡民居的风貌。

这就是风景如画的江南，让我们一起走近她，了解她。

风情民宿

西塘

放河灯

老街记忆

荷叶粉蒸肉

一、西塘古镇

（1）地理坐标：浙江嘉善县，位于江浙沪三省市交界处。

（2）历史地位：西塘古名斜塘、平川，是古代吴越文化的发祥地之一，名列江南六大古镇。

（3）人文信息：西塘最大的特点在于基本上保持了水乡的原生态，素有“鱼米之乡”“丝绸之府”的美称。而如今的西塘，是首批中国历史文化名镇，入选世界文化遗产预备清单，被授予联合国历史文化保护杰出成就奖。

同类小镇：甪直、木渎、南浔、乌镇、朱家角、周庄、同里。

二、诸暨千柱屋

（1）地理坐标：浙江省绍兴市诸暨市斯家宅乡螽斯村。

（2）历史地位：建于清代嘉庆年间，为当地巨富斯元儒私宅。

（3）人文信息：“千柱屋”为砖木结构，气势恢宏，建筑面积占地6 900多平方米，有屋118间，弄32条。内含10个天井，屋柱盈千，故名“千柱屋”。走遍千柱屋的每一个角落，可以“晴不见日，雨不湿鞋”，后人将千柱屋视作清代江南典型的聚族而居的大型宗族建筑。

西施豆腐

千柱屋“於斯为盛”篆额

千柱屋“彤管重辉”匾额

三、绍兴大禹陵

（1）地理坐标： 浙江绍兴城东南稽山门外会稽山麓。

（2）历史地位： 我国古代治水英雄夏朝开国君主大禹的葬地，因四千年来历朝历代祭祀大禹而常盛不息。

（3）人文信息： 司马迁《史记·夏本纪》载："禹会诸侯江南，计功而崩，因葬焉，命曰会稽。"现在大禹陵附近的禹陵村住户多为姒姓，就是禹的后代，如今已传至一百四十四世。大禹陵是一座规模宏大的古典风格建筑群，由禹陵、禹祠、禹庙三部分组成，为全国重点文物保护单位。

同类帝陵： 黄帝陵，炎帝陵。

御碑

大禹像

秦朝李斯的《会稽刻石》

公祭大禹典礼

四、西湖与南湖

（1）地理坐标：西湖位于浙江省杭州市西南方，南湖位于浙江省嘉兴市。

（2）历史地位：西湖是现今《世界遗产名录》中少数几个、中国唯一一处湖泊类文化遗产。西湖旧称武林水、钱塘湖、西子湖，宋代始称西湖，以其秀丽的湖光山色和众多的名胜古迹而成为闻名中外的旅游胜地，并被世人赋予“人间天堂”的美誉。

南湖，与南京玄武湖和杭州西湖并称为“江南三大名湖”，素来以“轻烟拂渚，微风欲来”的迷人景色著称于世。

西湖醋鱼

（3）人文信息：宋代大文豪苏东坡曾写道：“天下西湖三十六，就中最好是杭州。”西湖拥有三面云山，一水抱城的自然风光，以“欲把西湖比西子，淡妆浓抹总相宜”的山水秀色点缀杭州。西湖老十景：苏堤春晓、曲院风荷、平湖秋月、断桥残雪、花港观鱼、柳浪闻莺、三潭印月、双峰插云、雷峰夕照、南屏晚钟。西湖新十景：云栖竹径、满陇桂雨、虎跑梦泉、龙井问茶、九溪烟树、吴山天风、阮墩环碧、黄龙吐翠、玉皇飞云、宝石流霞。湖中有三岛：三潭印月、湖心亭、阮公墩。湖区以苏堤和白堤的优美风光见称。苏堤和白堤横贯于西湖，把西湖分隔为西里湖、小南湖、岳湖、外湖和里湖五部分。西湖还有许仙白娘子的美丽爱情传说。

东坡肉

嘉兴南湖不仅以秀丽的风光享有盛名，而且还因 1921 年 8 月中国共产党第一次全国代表大会在这里胜利闭幕而备受世人瞩目，它是中国共产党诞生地，是我国近代史上重要的革命纪念地。

中共一大纪念馆

南湖红船

越剧《红楼梦》

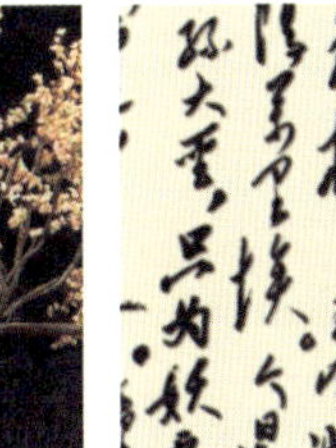
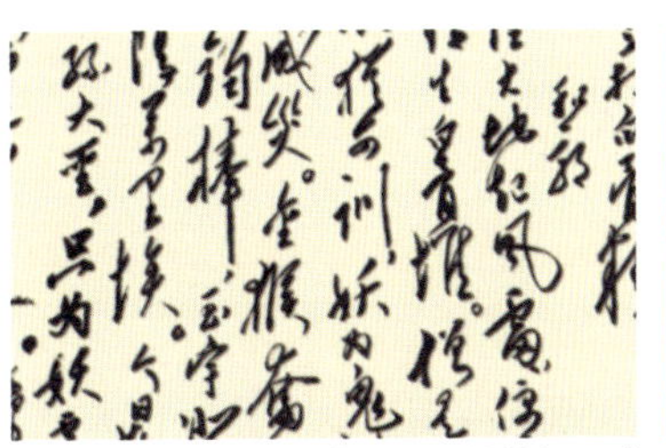
毛泽东同志为绍剧《三打白骨精》题诗

越剧《梁祝》

古戏台

绍剧《孙悟空三打白骨精》

五、越剧与绍剧

（1）地理坐标：越剧发源于浙江嵊州，发祥于上海，繁荣于全国，流传于世界。绍剧起源于上虞县（现为绍兴上虞区），流行于绍兴、慈溪、余姚、萧山及其他浙沪一带。

（2）历史地位：越剧是中国第二大剧种，有第二国剧之称，又被称为是“流传最广的地方剧种”，在国外被称为“中国歌剧”。亦为中国五大戏曲剧种（依次为京剧、越剧、黄梅戏、评剧、豫剧）之一。

绍剧于明末清初时期形成，后兴盛于清康熙、乾隆年间，是一种古老的汉族剧种，又名“绍兴乱弹”“绍兴大班”。绍剧是浙江三大剧种之一，已有300多年历史，拥有400多个剧目。

（3）人文信息：越剧在发展中汲取了昆曲、话剧、绍剧等特色剧种之大成，经历了由男子越剧到女子越剧为主的历史性演变，被列入首批国家级非物质文化遗产名录。越剧长于抒情，以唱为主，声音优美动听，表演真切动人，唯美典雅，极具江南灵秀之气；多以“才子佳人”题材的戏为主，艺术流派纷呈，公认的就有十三大流派之多。

绍剧以高亢激越的唱腔、粗犷朴实的音乐、豪放洒脱的表演和文武兼备等特点形成了自己独特的艺术风格，特别是悟空戏独树一帜，达到了较高的艺术水平。一出《孙悟空三打白骨精》拍成电影后，发行七十二个国家和地区，曾风靡全国，声播海外。1950年定名为绍剧。

河姆渡遗址外景

河姆渡遗址内部景观

六、河姆渡与良渚

（1）地理坐标：河姆渡文化遗址位于距宁波市区约20公里的余姚市河姆渡镇。良渚文化遗址位于杭州城北18公里处余杭区良渚镇。

（2）历史地位：河姆渡遗址是中国南方早期新石器时代遗址，是中国已发现的最早的新石器时期文化遗址之一，是全国重点文物保护单位。

1936年发现的良渚遗址，实际上是余杭县的良渚、瓶窑、安溪三镇之间许多遗址的总称，是新石器时代晚期人类聚居的地方。2012年良渚遗址被列入《中国世界文化遗产预备名单》，2016年，将申报世界文化遗产。

（3）人文信息：河姆渡文化的骨器制作比较进步，有耜、鱼镖、镞、哨、匕、锥、锯形器等器物，精心磨制而成，一些有柄骨匕、骨笄上雕刻花纹或双头连体鸟纹图案，就像是精美绝伦的实用工艺品。在众多的出土文物中，最重要的是发现了大量人工栽培的稻谷，这是目前世界上最古老、最丰富的稻作文化遗址。它的发现，不但改变了中国栽培水稻从印度引进的传统传说，许多考古学者还依此认为河姆渡可能是中国乃至世界稻作文化的最早发源地。

良渚文化是我国长江下游太湖流域一支重要的古文明，因发现于浙江余杭良渚镇而得名，距今约4 000～5 300年，经半个多世纪的考古调查和发掘，初步查明遗址分布于太湖地区。在余杭市良渚、安溪、瓶窑三个镇地域内，分布着以莫角山遗址为核心的50余处良渚文化遗址，有村落、墓地、祭坛等各种遗存，内涵丰富，范围广阔，遗址密集。

良渚出土文物

良渚遗址及出土文物

河姆渡出土工具

七、酒乡、桥乡和名士乡

黄酒花雕

绍兴酿酒，历史悠久，驰名中外。早在吴越之战时，越王勾践出师伐吴前，以酒赏士，留下“一壶解遣三军醉”的千古美谈。在南北朝时期，黄酒已被列为贡品。“汲取门前鉴湖水，酿得绍酒万里香”。

世界上三大酿造酒——黄酒、啤酒和葡萄酒，唯黄酒源于中国，中国黄酒首推绍兴酒。绍兴酒原指出于绍兴之酒，主要指四个品种，即元红酒、加饭酒、善酿酒、香雪酒。

八字桥

古时绍兴有风俗，在女儿出生之后，封存坛装绍兴酒以备嫁妆，至女儿出嫁时，将封存绍兴酒取出，在坛面上塑雕上各种彩色花鸟图案，随嫁而出，故名花雕（又称女儿酒、女儿红）。

兰亭御碑亭

绍兴是著名桥乡，这源于水乡泽国的生态，中国古代桥梁的所有造型几乎都可以在这里找到它的代表，故绍兴又有“桥梁博物馆”之称。据1993年底统计，全市有桥10 610座，其中有许多系清代以前的古桥。

毛泽东诗云：“鉴湖越台名士乡，忧忡为国痛断肠；剑南歌接秋风吟，一例氤氲入诗囊。”绍兴历史上海内外名流云集，名流佳丽纷至沓来，中晚唐时为“会稽天下本无俦”的第一大都会，历来为士族文化荟萃之地、佛教中国化时期高僧的活动中心、道教高士的修行中心。

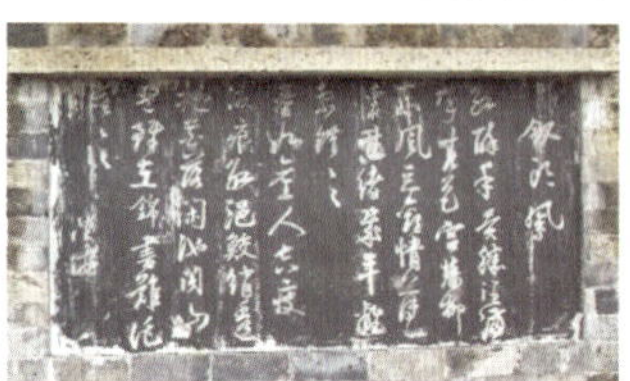
沈园《钗头凤》

上古时期，治洪水、定九州的大禹在此会盟并葬于会稽山；春秋时期，卧薪尝胆的勾践同范蠡、文种一同振兴越国霸业，西施浣纱名列“中华四美”之首；东汉王充一部《论衡》不朽千年；东晋王羲之一篇《兰亭集序》天下第一；越州唐诗之路上汇集了李白、元稹、杜甫、刘禹锡、李绅、白居易、李德裕、武元衡、令狐楚、刘采春等大家；两宋词人辛弃疾、范仲淹、秦观、苏轼、岳飞、陆游、梅尧臣等均游历或官居绍兴；明清时期，王守仁心学大成享誉中外，徐渭、陈洪绶、王冕、智永等诸多书画名家更是层出不穷。

蔡元培故居

近现代绍兴更是人才辈出，有周恩来、鲁迅等影响近代百年中国的伟人，有秋瑾、徐锡麟等民主革命义士，有蔡元培、竺可桢、罗家伦、蒋梦麟、范文澜、马寅初、陈建功等学界泰斗，还有谢晋、六小龄童等人民艺术家。

鲁迅故里

八、非物质文化遗产

1. 香榧采制

（1）地理坐标：中国原产树种，是世界上稀有的经济树种，主要生长在中国南方较为湿润的地区，生于海拔 1 400 米以下，温暖多雨，黄壤、红壤、黄褐土地区，目前主要分布于中国安徽黟县，浙江诸暨、富阳等地。

（2）历史地位：别名中国榧，为红豆杉目、红豆杉科，香榧为常绿乔木，属紫杉科榧属，是世界稀有干果之一。香榧加工技艺主要分采摘、后熟、加工三大环节，每一道程序都极为复杂，依靠榧农精湛的技艺和丰富的经验才能完成。2012 年 6 月，香榧采制技艺被列入第四批浙江省非物质文化遗产名录。

（3）人文信息：清《乾隆诸暨县志》上记载："榧树每三年始可采，叠三节，每年采一节，俗称'三代果'。"苏东坡《香榧》："彼美玉山果，粲为金盘玉。""驱除三彭虫，已我心腹疾。"

青瓷精品

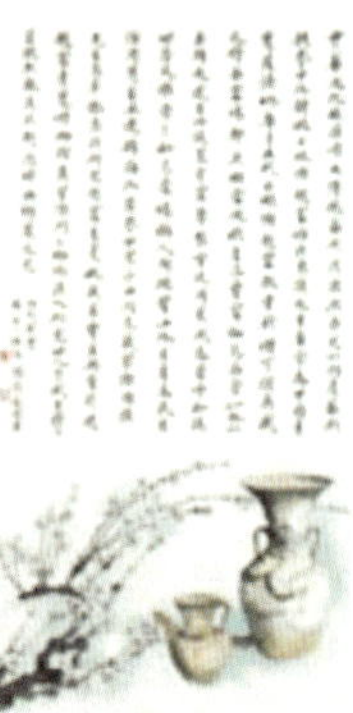

越窑烧制

2. 越窑青瓷

(1) 地理坐标： 绍兴、上虞一带是中国越瓷的发源地。

(2) 历史地位： 越窑是中国古代最著名的青瓷窑系。东汉时，中国最早的瓷器在越窑的龙窑里烧制成功，因此，越窑青瓷被称为“母亲瓷”。越窑持续烧制了 1 000 多年，于北宋末、南宋初停烧，是中国持续时间最长、影响范围最广的窑系。2011 年 5 月，越窑青瓷烧制技艺被列入第三批国家级非物质文化遗产名录。

(3) 人文信息： 越窑青瓷的特点是胎骨较薄，施釉均匀，釉色青翠莹润，光彩照人。历史上，越瓷不但是供奉朝廷的贡品之一，而且又是唐代的一种重要的贸易陶瓷，从唐代开始就出口到巴基斯坦、伊朗、埃及、日本等许多国家。唐代的陆龟蒙曾这样赞美越窑青瓷：“九秋风露越窑开，夺得千峰翠色来。”唐代的文人雅士喜欢饮茶，越窑青瓷温润如玉的釉质，青绿略带闪黄的色彩能完美地烘托出茶汤的绿色。因此越窑青瓷受到了文人雅士的喜爱，故盛行的饮茶风尚对越窑青瓷的形制也有所影响。越瓷瓷器装饰以光素为主，也有划花、刻花、堆贴和镂空的纹饰，但以划花为多。越瓷常见的纹饰是花鸟、水草和人物等，线条流畅简洁，纤细生动。晚唐五代时期的越窑青瓷被称作“秘色瓷”，釉面青碧，晶莹润泽，如宁静的湖水一般，清澈碧绿。

3. 丝绸

（1）地理坐标：丝绸是中国的特产，江南地区作为蚕桑生产的主产区是其重要的发源地。

（2）历史地位：丝绸制品的发明并大规模地生产，开启了世界历史上第一次东西方大规模的商贸交流，史称“丝绸之路”。从西汉起，中国的丝绸不断大批地运往国外，成为世界闻名的产品。那时从中国到西方去的商路，被欧洲人称为“丝绸之路”，中国也被称之为“丝国”。

（3）人文信息：浙江杭州有“丝绸之府”之称。早在春秋时代，“劝农桑”就被列为越王勾践的国策之一。至唐、宋，绍兴越罗、尼罗、寺绫，已驰誉各地。《越游便览》载：“绍兴西北华舍，为绸机荟萃之区，亦即绸市集中之地，出品为纺绸、线春。下坊桥则多织花素贡缎，质细而韧，物品优良，行销全国及南洋各埠，厥数颇钜。”距今四千七百年的良渚出土丝织物就已揭示了杭州丝绸的历史之久，唐代大诗人白居易“丝袖织绫夸柿蒂，青旗沽酒趁梨花”的诗句，又道出了当时杭州丝绸的水准之高，旧时清河坊鳞次栉比的绸庄更见证了丝绸经济的繁荣。如今杭州常年生产绸、缎、棉、纺、绉、绫、罗等十四个大类，二百多个品种，二千余个花色，图景新颖，富丽华贵，花卉层次分明，人物栩栩如生，许多产品荣获国家部优或省级优质产品奖，远销世界上100多个国家和地区。

蚕茧

丝绸精品

缫丝

成衣展示

第三节　塞外风情

“塞”指长城要塞，塞外古代指长城以北地区，也称塞北。包括内蒙古、甘肃、宁夏、河北等省（自治区）北部。塞外由于深居内陆，南方的暖湿季风吹不到，西伯利亚的干冷空气却能首当其冲，气候比较干燥寒冷。这里自古战略地位重要，自然资源丰富，目前尚未充分开发，深藏比较巨大的发展潜力，是国家西部开发的重点工程，也是中原丝绸之路的重要组成，文物古迹众多，自然地理壮美。

一、三江之源

青海是三江源头，长江、黄河和澜沧江都从这里发源，长江水量的 25%、黄河水量的 49%、澜沧江水量的 15% 都来自这一地区，被誉为“中华水塔”。三江源是世界高海拔地区生物多样性特点最显著的地区，被誉为“高寒生物自然种质资源库”。

1. 长江源

长江全长 6 380 公里，是世界第三大河，它的源头是位于青海省南部唐古拉山脉的主峰格拉丹东大冰峰。这里孕育出了长江的正源——沱沱河，此名来源于蒙古语托克托乃乌兰木伦（意为缓慢的红江）。除正源外，长江还有一个北源，一个南源。

2. 黄河源

黄河全长 5 464 公里，发源于青海省巴颜喀拉山，黄河河源一为扎曲，二为约古宗列曲，三为卡日曲，历史上曾称整个黄河源头地区为“星宿海”。黄河呈“几”字形，是中国第二长河，世界第五长河，世界上含沙量最多的河流。其给黄河沿河流域的人类文明带来很大的影响，是中华民族最主要的发祥地之一，被誉为中国的“母亲河”。

沱沱河

长江源碑文

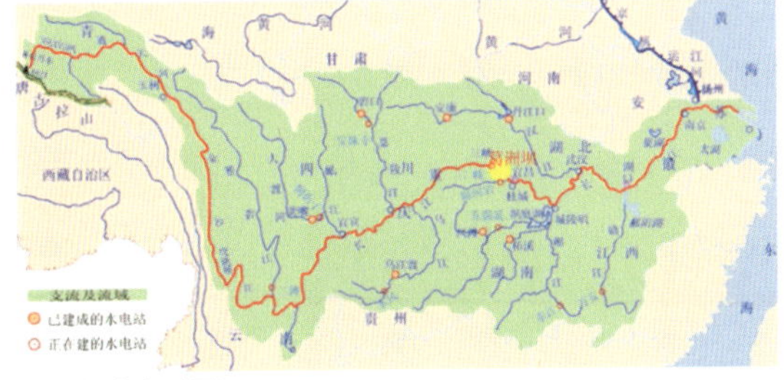

长江流域水系图

黄河水系图

3. 澜沧江源

澜沧江，又称湄公河，是著名的国际河流，东南亚第一巨川，亚洲第六大河，源于青海，经西藏、云南出国境，南流经柬埔寨于越南的南部注入南海，全程长 4 500 公里，中国境内河长 1 612 公里。源头在青海省玉树藏族自治州杂多县西北部，吉富山麓扎阿曲的谷涌曲。澜沧江东源头区，地形独特，自然景观也非同一般。

白雪皑皑的昆仑山

祁连山

二、昆仑山与祁连山

青海山脉纵横，峰峦重叠，湖泊众多，峡谷、盆地遍布。昆仑山、祁连山、巴颜喀拉山、阿尼玛卿山、唐古拉山等山脉横亘境内。

1. 昆仑山

昆仑山，又称昆仑虚、中国第一神山、万祖之山、昆仑丘或玉山，古人称昆仑山为中华“龙脉之祖”。昆仑山在中华民族的文化史上具有“万山之祖”的显赫地位，雄浑、苍莽而充满神秘，关于它的赞美和传颂一直绵延不绝，李白为其写下“若非群玉山头见，会向瑶台月下逢”的美诗，毛主席写下“横空出世，莽昆仑”的华章，还有女娲炼石补天、精卫填海、西王母蟠桃盛会、白娘子盗仙草和嫦娥奔月等美丽传说。

2. 祁连山

祁连山脉位于中国青海省西北部与甘肃省西部边境。“祁连”系匈奴语，匈奴呼天为“祁连”，祁连山即“天山”之意。因位于河西走廊之南，历史上亦曾叫南山，最高峰疏勒南山的团结峰海拔 5 808 米。祁连山脉集森林、草原、冰川为一体，风景奇丽壮阔，冰川及高山积雪颀长宽广，陈棐《祁连山》说道：“马上望祁连,奇峰高插天。西走接嘉峪,凝素无青云。”其壮阔巍峨，可窥一斑。

青海湖

青海湖的鸟类

祭祀青海湖

三、青海湖

（1）地理坐标：位于青海省西北部的青海湖盆地内。

（2）历史地位：青海湖既是中国最大的内陆湖泊，也是中国最大的咸水湖。

（3）人文信息：青海湖又名“措温布”，即藏语“青色的海”之意。由祁连山的大通山、日月山与青海南山之间的断层陷落形成。祭祀青海湖是周边各族人民带有浓郁宗教色彩的民俗活动，已经成为一种文化现象，包含着众多民风民俗，表达了人们与自然和谐共存的美好愿望。2008 年，青海湖祭海入选第二批国家级非物质文化遗产名录。此处，青海湖还流传着“海怪”的神秘传说，其在清乾隆初年编修的《西宁府新志》有具体记载。

四、丝绸之路

（1）地理坐标：“丝绸之路”是指起始于古代中国，连接亚洲、非洲和欧洲的古代路上商业贸易路线。狭义的丝绸之路一般指陆上丝绸之路。广义上讲又分为陆上丝绸之路和海上丝绸之路。

（2）历史地位：“陆上丝绸之路”是连接中国腹地与欧洲诸地的陆上商业贸易通道，“海上丝绸之路”是古代中国与外国交通贸易和文化交往的海上通道。

（3）人文信息：丝绸之路通常是指欧亚大陆北部的商路，与南方的茶马古道形成对比，西汉汉武帝时张骞从长安带队出使西域，联合大月氏人，共同抗击匈奴。首次开拓丝绸之路，被称为“凿空之旅”。此后，汉朝频繁的派出使节出使西方，汉武帝时期最远的汉使到了犁轩（今埃及亚历山大港），罗马人征服叙利亚的塞琉西帝国和埃及的托勒密王朝后，通过安息帝国、贵霜帝国和阿克苏姆帝国取得从丝绸之路上传来的中国丝绸。西汉末年，丝绸之路一度断绝，东汉时的班超又重新打通隔绝58年西域，罗马帝国也首次顺着丝路来到当时东汉首都洛阳。在通过这条漫漫长路进行贸易的货物中，中国的丝绸最具代表性，“丝绸之路”因此得名。

丝绸之路不仅是古代亚欧互通有无的商贸大道，还是促进亚欧各国和中国的友好往来、沟通东西方文化的友谊之路。历史上一些著名人物，如出使西域的张骞，投笔从戎的班超，永平求法的佛教东渡，西天取经的玄奘，他们的一些故事都与这条路有关。这条长约7 000公里的漫漫长路是经过三百多年几代人的努力而形成，历代多有维护及延用。

丝绸之路路线全图

俄博古镇雕塑

张骞出使西域

丝路驼铃

五、兄弟民族

青海省是个多民族聚居的省份，现有 54 个民族，青海的世居少数民族主要有藏族、回族、土族、撒拉族和蒙古族，其中土族和撒拉族为青海所独有。

藏族

1. 藏　族

青海是全国仅次于西藏的最大藏区，信仰藏传佛教的群众占全省总人口的四分之一左右。青海省有六个藏族自治州，分别是黄南藏族自治州、海南藏族自治州、果洛藏族自治州、海北藏族自治州、玉树藏族自治州、海西蒙古族藏族自治州。在语言上除了玉树藏族自治州属于藏语康巴方言外，其余都是安多方言。

回族

2. 回　族

作为中国分布最广的少数民族，回族主要聚居于宁夏回族自治区，青海也有近百万回族居民。回族主要从事农业，有的兼营牧业、手工业。回族还擅经商，尤以经营饮食业突出。喜爱摔牛的运动，沧州、临夏、周口地区的回族善于练武。喜食炸油香。回族人在居住较集中的地方建有清真寺，由阿訇（hōng）主持宗教活动，经典主要是《古兰经》，信徒称“穆斯林”。生活习俗固守回族传统，遵循教规，讲究卫生，不吃猪肉、狗肉、动物的血液等。

土族

3. 土　族

土族是中国人口比较少的民族之一，现有人口大约 29 万。主要分布在青海省互助土族自治县、民和回族土族自治县、大通回族土族自治县、黄南藏族自治州的同仁县和乐都县。部分散居于海北藏族自治州的门源县以及海西蒙古族藏族自治州等地；还有 2 万多人聚居于甘肃省天祝藏族自治县、肃南裕固族自治县、兰州市永登县、临夏回族自治州的积石山保安族东乡族撒拉族自治县和甘南藏族自治州卓尼县等地区。青海省境内的土族约占全国土族总人口的 85%。

撒拉族

4. 撒拉族

是中国信仰伊斯兰教的少数民族之一，主要聚居在青海省循化撒拉族自治县和化隆回族自治县黄河谷地，以及甘肃省积石山保安族东乡族撒拉族自治县大河家乡一带。伊斯兰教是撒拉族的全民信仰。

六、花儿民歌

（1）地理坐标：花儿是广泛流行于我国青海、甘肃、宁夏、新疆、西藏等西部省区的民歌。

（2）历史地位：花儿被誉为大西北之魂，起源于甘肃南部的临夏、岷县等山区，居住在这里的汉族、回族、藏族、东乡族、保安族、土族、撒拉族等各族群众只要有闲暇的时间，都要漫上几句悠扬的花儿。青海有“花儿家乡”的美称，2006年5月花儿被列入第一批国家级非物质文化遗产名录。

（3）人文信息：花儿音乐高亢、悠长、爽朗，民族风格和地方特色鲜明。不仅有绚丽多彩的音乐形象，而且有丰富的文学内容。花儿音乐多反映生活、爱情、时政、劳动等内容，用比、兴、赋的艺术手法即兴演出。虽然大部分花儿的内容与爱情有关，但在歌颂纯真的爱和控诉封建礼教及社会丑恶现象给恋人造成生死苦难的同时，深刻反映了社会生活的各个方面，而且语言朴实、鲜明，比兴借喻优美，有比较高的文学欣赏和研究价值。新中国成立以来，花儿的形式不断创新发展，20世纪80年代，花儿的演唱形式已发展到花儿歌舞剧。

花儿民歌

花儿歌舞剧

第四节　实践活动

一、“我的家乡三日游”旅游攻略制作

你爱你的家乡吗？

你的家乡最美丽、最震撼、最迷人、最有名、最值得一去的地方是哪里？

让更多小伙伴了解你的家乡，爱上你的家乡吧！

一起来制作一份“我的家乡三日游”旅游攻略！

第一步： 选择你推荐值得一去的旅游点。

参考工具： 百度搜索、亲友咨询、实地踏勘。

第二步： 根据各旅游点距离确定每日游程路线，并给出相应的交通方式。

参考工具： 百度地图+亲身感受。

第三步： 对各旅游点进行简要图文介绍，也可以给出你的个人小贴士。

参考工具： 百度搜索+你的智慧。

第四步： 用QQ/微信分享给你天涯海角的小伙伴，召唤他们来到你的家乡吧！

二、学习一门家乡传统工艺

一方水土养一方人，每个地方最宝贵的就是当地传承千百年的传统，作为土生土长的人或者爱着这个地方的你，怎么可以不学这传承呢？

第一步： 让我们去了解一下我们的家乡到底有多少的传统工艺？

参考工具： 百度+亲友团。

第二步： 挑一种你觉得最喜欢的传统工艺，并把它写下来。

第三步： 自行或由老师带队前往相关工艺操作场所进行观摩学习。

第四步： 把你的作品或者操作的照片发到 QQ 空间或微信上和小伙伴们分享。

当然，如果一时找不到学习的工艺，那就先学好一口最地道的家乡话吧！方言可是地方文化的精髓哦！

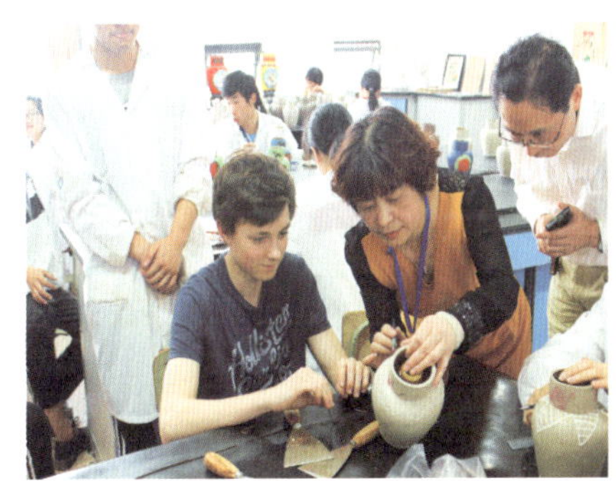

推荐书目

1. 澳大利亚 Lonely Planet 公司：《孤独星球 Lonely Planet 中国旅行指南系列》，生活·读书·新知三联书店，2011 年 5 月版。

2. 戴志中、杨宇振：《中国西南地域建筑文化》，湖北教育出版社，2003 年 3 月版。

3. 玩美一族：《玩美旅行：云南完全自游宝典》，清华大学出版社，2013 年 11 月版。

4. 季双琪 著，杜军 编：《穿越多彩神州书系：黎民欢歌的贵州》，福建教育出版社，2014 年 4 月版。

5. 朱净宇：《云南知识读本》，云南美术出版社，2013 年 1 月版。

6. 钟心、江愚儿：《江浙行知书》，广东旅游出版社，2006 年 1 月版。

7. 骏灵 等：《品读江南》，济南出版社，2007 年 4 月版。

8. 费勇：《人文江南》，广东旅游出版社，2010 年 1 月版。

9. 卢群、徐卓人：《江南古镇游》，浙江人民出版社，2003 年 7 月版。

10. 王昱：《青海简史》，青海人民出版社，2013 年 1 月版。

11. 唐荣尧：《青海之书》，青海人民出版社，2012 年 1 月版。

12. 唐韵：《人文中国系列：人文青海》，广东旅游出版社，2009 年 1 月版。

13. 朱祖希：《美丽青海》，蓝天出版社，2015 年 1 月版。

第五章　我们的校园

第一节　我们的学校精神

学校精神凝练的是学校的品格和神韵，诠释的是教育的目标和内涵。学校精神具体包括校训、校风、教风、学风以及校歌。

简单地说，校训是广大师生共同遵守的基本行为准则与道德规范，它既是一个学校办学理念、治校精神的反映，也是校园文化建设的重要内容，是一所学校教风、学风、校风的集中表现，体现大学文化精神的核心内容。

校风是学校的风气，它体现在学校师生的精神面貌上，体现在学风、教风以及各种风气之上，也存在各种事物和环境之中。

教风是学校在教学精神、教学态度和教学方法等方面形成的教育教学的稳定风气。学风是广大师生在治学精神、态度和方法方面的基本风格，以及知、情、意、行在学习问题上的综合表现。

校歌是学校规定的代表该校的歌曲，是学校办学理念、校园精神和学校特色的集中体现。校歌是校园文化的重要组成部分，常常是一个学校对内的号召和激励，对外的形象展示和宣言，它反映的既有办学者、教育者的理想、要求、愿望，又有受教育者的感受、追求和成长心声。

对学校精神的落实和演绎即是全体师生的实践活动。学校精神构成了学校文化的内核，决定着整个学校在发展中的思维方式和工作态度，决定着学校风貌，决定着学校办学的取向和性质。它赋予了一个学校独特的个性魅力，是学校群体凝聚力、向心力和战斗力。

学校精神是学校群体在长期的教育教学实践中逐渐积淀的，在共同的心理和行为中体现出来的理念、价值体系、群体心理特征及精神价值传统，是为其师生员工所认同和遵循的文化传统、思想观念和审美行为习惯等方面的一种凝结。学校精神植根于其悠久的历史与深厚的办学内涵之中，是学校的“精气神”。

一、绍兴市中等专业学校

绍兴市中等专业学校于1984年经浙江省人民政府批准建立，是绍兴市教育局直属的公办普通中专学校。学校是国家级重点职业学校、国家中等职业教育改革发展示范学校建设单位、浙江省文明单位。学校坚持“文化立人、品质立校”，正着力打造以“立文化”为核心的校园文化。

校训：学致用 行至诚

校风：和 诚 勤 优

教风：德厚善导 才高乐教

学风：明志善学 精技力行

绍兴市中等专业学校校徽

二、诸暨市职业教育中心

诸暨市职业教育中心是一所国家级重点中等职业学校，浙江省中等职业教育改革发展示范校。是由1897年创办的绍兴市农业学校和1985年创办的诸暨市中等专业学校于2009年合并而成，是诸暨市教育局直属公办学校。

校风：求是 实干 团结 创新

校训：以德修身 以技立业

诸暨市职业教育中心校徽

三、嘉善信息技术工程学校

嘉善信息技术工程学校是一所公办的中等职业学校，是浙江省中等职业教育改革发展示范校、浙江省二级重点中等职业学校。

校训：做一个有思想的人

办学理念：让每一位学生成为具有终身发展能力的职业人

嘉善信息技术工程学校校徽

四、青海水电技师学院

青海水电技师学院（青海水电高级技工学校、青海省水电职业技术学校）是青海省第一家技师学院，教育部首批认定的国家级重点职业学校，首批中等职业教育德育工作实验基地。青海水电技师学院隶属于中国水利水电第四工程局有限公司，前身是中央燃料工业部水利发电建设总局1953年建立的“上海技工学校”，后因国家建设需要相继搬迁至甘肃、青海。

校训：尚德健　笃学砺能

校歌：自豪吧，我的母校

青海水电技师学院校徽

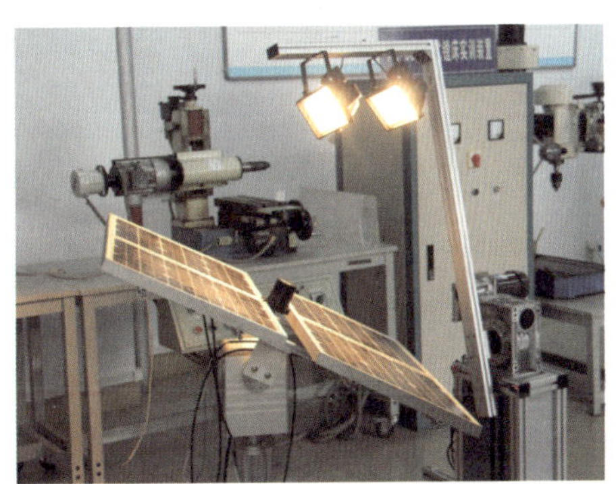

五、丹寨县民族职业技术学校

丹寨县民族职业技术学校，系国家级重点职业技术学校。自 1985 年建校以来，为丹寨县的经济建设培养了一批批基层管理骨干和乡土技术人才。

办学宗旨：培养德、智、体、美全面发展的一专多能应用型，复合型初、中级技术人才，为我国职业教育服务，为和谐社会建设服务做贡献。

办学方向：培养合格的初、中级技能人才

质量方针：质量为本，突出技能；面向市场，诚信服务；全面发展，争创一流

校歌：和你一起成长

丹寨县民族职业技术学校校徽

第二节　我们的特色活动

学校特色活动是由学校或组织举办的与众不同的面向全校师生或更广大人群的涉及文化、娱乐、体育、户外素质的拓展活动及其他相关活动。这些活动的组织者可以是各级校组织、社团、企业等，但其特色主要来源于学校的办学特点和地域特征，其产生的影响将有利于师生发展和社会进步。

一、德育素养活动

1. 绍兴市中等专业学校“快乐星期二”主题社团活动

（1）活动时间：每周二中午。

（2）活动宗旨：快乐校园、精彩生活。

（3）活动内容：绍兴市中等专业学校成立“雅乐”合唱团、“雅韵”舞蹈团、“雅趣”

英语社、“雅言”文化宣讲社等50余个学生社团，采取“快乐导师”制，邀请优秀毕业生、地方传统工艺大师以及有特长的学生作为社团“快乐导师”，协助社团开展活动，将思想品德教育、行为习惯养成教育以及“全人育人”融入其中，周密制定社团活动章程及配套制度，并安排指导教师及活动场所，切实保证精品社团活动的有效开展。

2. 诸暨职业教育中心社团活动

（1）活动内容：诸暨职业教育中心现拥有一级社团26个，二级社团37个，2010年学校成立学生社团联合会，对学生社团开展了有效的日常管理。在社团建设方面，学校团委不断创新，开展了学生社团企业化行动与研究，在企业化社团建设不断深入的同时，非专业类学生社团积极加入企业化运营，学生社团成为了学生成长锻炼的重要平台，也成为学校学生管理的一个有效的途径。

（2）活动成果：社团建设不断获得优异成绩，2011年校滋娇园艺公司被评为绍兴市大中专十佳学生社团，2014年滋娇园艺公司被评为浙江省优秀学生社团。在诸暨市第一届中小学社团评比活动中，诸暨职业教育中心学生社团获得了五个奖项，列全市各校之首，其中校集邮协会被评为诸暨市十佳学生社团。

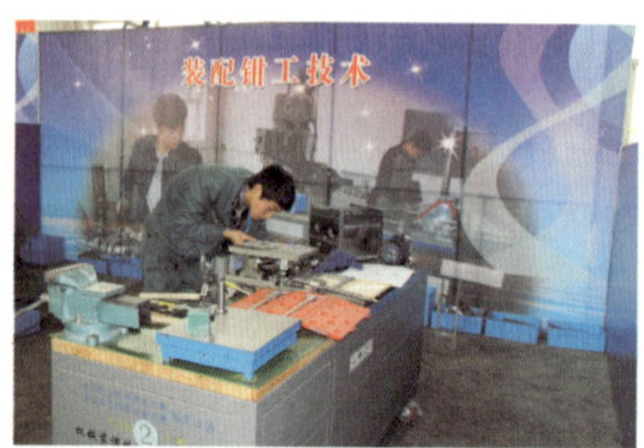

二、专业技能活动

1. 青海省水电职业技术学校“技能月”比赛活动

（1）活动时间：每年的4月份举办，历时1个月。

（2）活动宗旨：参与、竞技、创新、提高。

（3）活动内容：该比赛活动是全校性的学生技能竞赛活动，以专业为单位组织开展，各专业制定详细的活动方案和比赛规程，邀请行业企业领导、专家观摩指导比赛，担任评委，并对活动进行点评。学校先后举办了维修电工、水利水电施工、加工制造、汽车运用与维修、计算机、能源与新能源六大类专业，包括工程测量、光伏发电设备安装与调试、楼宇智能化系统安装与调试、钢筋平敷焊、受力钢筋弯曲、照明线路安装、电力拖动、电子制作、汽车维修基本技能、焊条电弧焊立角焊、鸭嘴锤制作、计算机基础应用、起重安装基本技能十三个比赛项目。

2. 绍兴市中等专业学校“技能运动会”

（1）活动时间：每年4月至5月。

（2）活动宗旨：竞赛点亮青春、技能成就未来。

（3）活动内容：技能运动会共分达标选拔和展示、擂台PK两个阶段的比赛，其中达标选拔阶段的比赛，分为专业技能类、文化素养类两种比赛类型，设置达标、竞赛两种比赛形式，共进行机电、建筑、财会、化工、染整、药剂、黄酒、物联网、外语等九大类专业的60项专业技能类比赛，以及语文、数学、英语、德育、计算机、体艺等文化类学科在内的30项文化素养类比赛。展示、擂台PK阶段以课改中各选修课程为主体，以欣赏之旅、体验之旅、竞技之旅等方式组织学生开展专业体验和擂台PK活动，让学生在游戏活动和技能打擂的过程中体会到专业学习的快乐。学生可以自主选择PK项目，参加自己喜欢的活动，获得明星般的自信体验。

三、志愿服务活动

1. 青海省水电职业技术学校“学雷锋”社区便民志愿服务活动月

（1）活动时间：每年 3 月。

（2）活动宗旨：高扬志愿者旗帜，传承雷锋精神。

（3）活动内容：该活动内容涉及主题班会、主题黑板报、社区便民志愿服务活动、美化环境志愿者活动、专题德育课等多个内容，而社区便民志愿服务活动是每年 3 月最具活力、最能体现水电学校特色的品牌活动。

每年的 3 月初，学校团委和学生处就做好活动方案，在宣传栏、网络、广播台上发布倡议书。学校社区便民志愿服务活动充分发挥学校的专业优势，以电工、焊接、钳工三个专业为主，每个专业的志愿者由一至两位专业老师带队，通过家用电器的维修，家用电路的安全检查，家用物件的焊接、修补等多种不同的方式，免费为辖区居民提供便利，辖区居民在活动开始之前就排好队，等着志愿者们的帮助，志愿者们优质的服务和精湛的技艺，受到辖区居民的好评。

通过社区便民志愿服务活动的开展，让该校师生在具体的志愿服务过程中学习了雷锋精神，传承了雷锋精神，弘扬了雷锋精神，提高了学校的社会影响力，在周边起到了很好的示范作用。

2. 绍兴市中等专业学校“爱我生命之源”水质检测志愿小队

（1）活动时间：暑期及课余时间。

（2）活动宗旨：高扬志愿者旗帜，传承雷锋精神。

（3）活动内容：绍兴中专结合学校化学分析检测专业，制定以“美丽绍兴，青春建功”为主题的水质检测活动详细实践方案，邀请市环保局对志愿者们专门进行了水质监测的全方位培训。团队分成三个小组，分别走访市区环城河沿岸的居民、商户、企业等，有序地开展问卷调查；通过实地水质取样，开展水质检测的数据分析，了解环城河环境现状；向居民宣传节水保水倡议，征集群众意见，并形成书面的调查报告。

志愿者们积极争当“五水共治”志愿宣讲员，运用微博、微信等新媒体，发出“治水微倡议”，传播节约用水、科学护水的理念和知识。同时，志愿者们还争当“五水共治”志愿监督员，通过“治水微发布”，采取实地取样、水质检测、报告分析等形式，向有关部门反映不文明行为和现象，协助市环保局开展“五水吾治·青力青为”碧水蓝天监护活动，让“五水共治”成为一项全民监督的活动。

四、地方校本活动

1. 诸暨职教中心“百师讲堂”

（1）活动时间：每学期定期开展。

（2）活动内容：诸暨职教中心“百师讲堂”，是由信息教师根据自己的兴趣特长和知识面自拟主题，自编讲稿，自做课件，面向全校学生的一个大讲堂，每堂 1~2 个小时。内容涉及生理、心理、法律、政治、园林知识、建筑风情、人际关系、国外教育、国内外形势等，通过案例、故事、视频、课件、音乐等多种方式展现，深受广大学生所喜爱。“百师讲堂”不仅是学生接受课业外知识、对学生进行思想政治德育教育的一个文化大讲堂，也是培养专家型教师的一个大舞台。结合课堂和实践内容，诸暨职教中心还编写了两辑校本教材——《百师讲堂》，进一步提升了该文化栏目的品位。

2. 丹寨民族职业学校“芦笙芒筒表演队”

（1）活动时间：每学期定期开展。

（2）活动内容：成立芦笙芒筒表演队，一支芦笙队由 3 支芦笙（由 3 个芦笙手吹），13 支芒筒（由 13 个芒筒手吹），即每支芦笙和芒筒需一个人吹奏，全乐队为 16 人组成，女生跟着跳芦笙舞。吹奏时，芦笙领于前，芒筒随于后，且吹且舞，沿着顺、逆时针方向围成圆圈，缓缓向前。吹奏中，众人以脚蹬地，发出整齐的舞步声以和之，苗族称为“齐心集鼓社，齐步踩笙堂”。在学校大型活动及当地节日期间参与演出，通过活动来传承少数民族地方的民族文化。

第三节　实践活动

一、“私人订制”校园导游服务

你眼中的校园是什么样的？
咱们的校园中你觉得最值得一提的是哪里？

作为校园的主人，给你的“贵宾”私人订制一次导游服务，

做一回校园导游吧！

列一列：校园有哪些主要功能区？

校园主要功能区域	1	2	3	4	5	6	7	8

写一写：给每个功能区写一段简要的解说词，并说说你自己的感受。

例：现在大家看到的是田径运动场，它的建筑面积有一万多平方米，有三个篮球场、一个排球场和一个乒乓球馆。建成以来，承办了多次大型文体活动……

在校园最显眼的地方大家可以看到孔子塑像，这是因为我们这所百年老校发源于礼仁书院。礼和仁，表明了学校开创者对先贤孔子及其儒家文化的推崇，是对历代贤人高尚道德的敬仰与追求。“礼仁精神”是我们学校的文化主题。我们校训定为“德寄山水、学尚古今”，目的就是要让全校师生充分地从儒家文化中吸取营养，用品德与智慧成就人生。

画一画：从校门口出发，画一条校园游览路径，要注意方便流畅，首尾衔接。

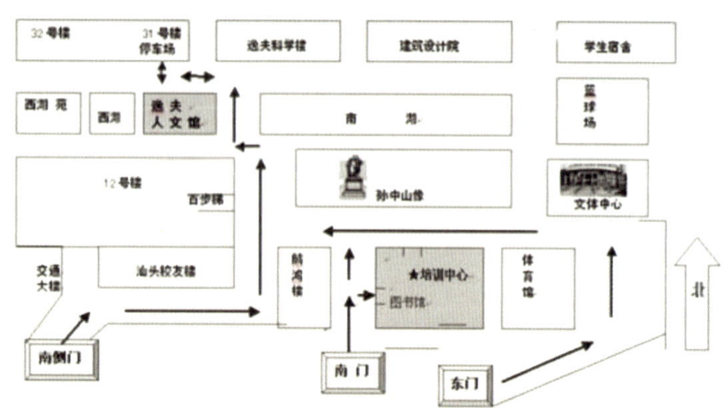

走一走：试着走一走你私人订制的导游路线，彩排一次你的导游服务！

第三篇 我们的价值观

WOMEN DE JIAZHIGUAN

第六章 引 言

价值观，是基于人的一定的思维感官之上而作出的认知、理解、判断或抉择，也就是人认定事物、辨别是非的一种思维或取向，是人对自身及外界人或事物的价值定位。换句话说，价值观即人们关于什么是好、什么是坏，怎样为好、怎样为坏，以及自己向往什么、讨厌什么，追求什么、舍弃什么，拥护什么、反对什么等的观念、思想、态度的总和。

价值观的本质是主体的价值立场、态度和根本观点，主要是表明人们究竟相信什么，想要什么，坚持追求和实现什么，而不是表明人们知道什么，懂得什么，会做什么。价值观因时代、民族和个人的不同而表现各异。纵观历史，自从人类社会诞生，不存在没有价值观的社会，也不存在没有价值观的国家。作为一种伴随人类发展的意识形态，价值观一旦形成，便产生强大的精神力量，影响国家的发展走向，决定人们的行为取向，左右社会的道德评判。

价值观特别是核心价值观，具有高度的认同力、强大的从众力、巨大的推动力、咬定青山不放松的定力以及自发自愿自觉跟从和服从的无形力量。“生命诚可贵，爱情价更高。若为自由故，两者皆可抛。”“砍头不要紧，只要主义真。杀了夏明翰，还有后来人。”两首小诗，正是核心价值观力量的生动写照。

社会主义核心价值观是社会主义核心价值体系的内核，体现社会主义核心价值体系的根本性质和基本特征，反映社会主义核心价值体系的丰富内涵和实践要求，是社会主义核心价值体系的高度凝练和集中表达。党的十八大提出，倡导富强、民主、文明、和谐，倡导自由、平等、公正、法治，倡导爱国、敬业、诚信、友善，积极培育和践行社会主义核心价值观。富强、民主、文明、和谐是国家层面的价值目标，自由、平等、公正、法治是社会层面的价值取向，爱国、敬业、诚信、友善是公民个人层面的价值准则，这 24 个字是社会主义核心价值观的基本内容。社会主义核心价值观具有普遍性、民族性、崇高性的基本特征。

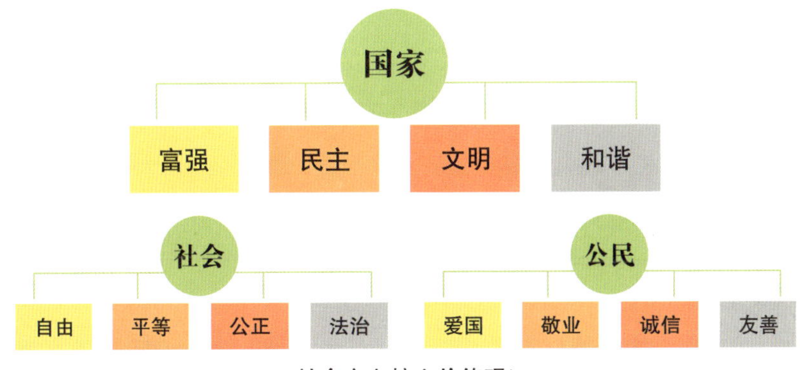

社会主义核心价值观*

（*社会主义核心价值观包含 12 个词，共 24 个字，分别从国家、社会、公民个人三个层面提出社会主义核心价值观的价值目标、价值取向和价值准则。）

第七章 国家层面的价值观

第一节 富 强

一、说文解字

富强即国家繁荣富强、人民共同富裕，是中华民族梦寐以求的美好夙愿，也是国家繁荣昌盛、人民幸福安康的物质基础。

二、名人名言

在一个国家之内，只少数人有钱是假富，要多数人有钱才是真富。——孙中山

没有工业，便没有巩固的国防，便没有人民的福利，便没有国家富强。—— 毛泽东

各出所学，各尽所能，使国家富强不受外侮，足以自立于地球之上。——詹天佑

为了中华民族的繁荣富强，我要献出全部学识智慧。—— 钱伟长

没有一个真正富强的国家不把人才当作国宝的，或者应该倒过来说，不把人才当国宝的国家，不可能真正富强。—— 龙应台

三、价值观故事

（1）新中国成立之初，1952 年，我国 GDP 只有 679 亿元；改革开放后我国经济飞速发展，至 2010 年我国 GDP 为 39 万亿元，超过日本，成为仅次于美国的世界第二大经济体，到 2014 年，我国 GDP 更是超过 63 万亿元，中国已成为推动世界经济增长的主要引擎之一。

（2）1978 年，改革开放之初，我国人均 GDP 只有 379 元，解决温饱都成问题；2013 年，我国人均 GDP 已超过 6 700 美元，进入中等收入国家的行列。

（3）1952 年，我国居民平均存款是 1.5 元人民币，而到 2013 年年底，这一数字已经超过 3.2 万元人民币。2014 年全年我国居民人均可支配收入 20 167 元。

（4）新中国成立初期，我国大学以上学历的科技人员只有 5 万人，而其中真正从事科学研究的，不过几百人，科研力量不强。经过数十年的奋斗，我国综合国力大增。

2003 年 10 月 15 日，我国第一位航天员杨利伟乘我国自行研制的“神舟五号”飞船进入太空。

2008 年 9 月 27 日，航天员翟志刚进行了 19 分 35 秒的首次太空行走。

2013 年 12 月 14 日，“嫦娥三号”怀抱“月兔号”月球车成功登陆月球。

2012年 6 月 27 日，我国自行研制的首台载人潜水器“蛟龙号”第五次下潜，最大深度达到 7 062 米，标志着中国海底载人科学研究和资源勘探能力达到国际领先水平。

2013 年 5 月，中国国防科技大学研制成功世界上首台 5 亿亿次（50 Pflops）超级计算机——“天河二号”，成为全球最快超级计算机。2015 年 7 月 13 日下午，从德国法兰克福召开的“2015 国际超级计算大会”上传出喜讯，在超级计算机 TOP 500 组织发布的第 45 届世界 500 强排行榜上，“天河二号”超级计算机系统再次位居第一！这也是“天河二号”连续 5 次位居世界超算 500 强榜首。至此，“天河二号”已为国内外近 400 家用户提供高性能计算和云计算服务，在基因分析与测序、新药制备、大型飞机和高速列车气动数值计算、汽车和船舶等大型装备结构设计仿真、电子政务及智慧城市等领域获得一系列应用，取得了显著的经济效益和社会效益。

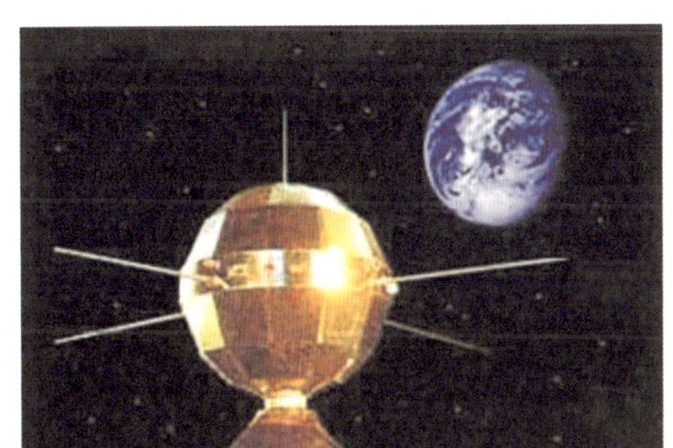

中国第一颗人造卫星“东方红一号”

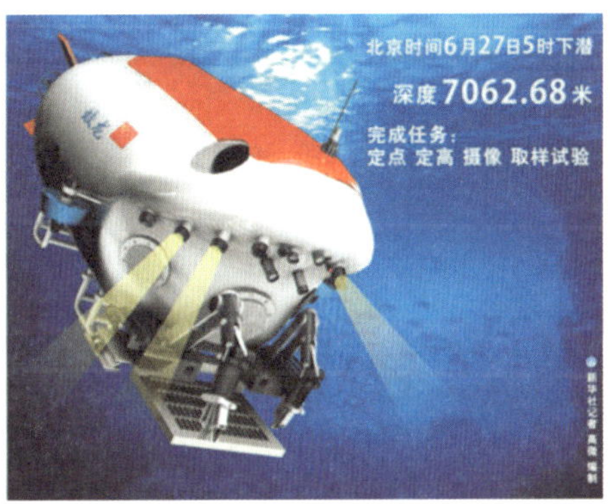

载人潜水器“蛟龙号”

“天河二号”超级计算机

“玉兔号”月球车

第二节　民　主

一、说文解字

民主的内涵即人民民主、人民当家作主，是人类社会的美好诉求。我们追求的民主是人民民主，其实质和核心是人民当家作主。

二、名人名言

在中国社会主义制度下，有事好商量，众人的事情由众人商量，找到全社会意愿和要求的最大公约数，是人民民主的真谛。——习近平

科学与民主，是人类社会进步之两大主要动力。——陈独秀

人人有权，其国必兴；人人无权，其国必废；此理如日月经天，江河行地，古今不易，遐迩无殊。——何启，胡礼垣

民主并不是什么好东西，但它是我们迄今为止所能找到的最好的一种制度。——丘吉尔（英国）

我不愿做奴隶，所以我也不会做奴隶主。这句话表达了我对民主的看法。——林肯（美国）

宣中华烈士

宣中华塑像

三、价值观故事

1. 宣中华领导“一师风潮”和“驱逐齐（耀珊）夏（敬观）”运动

宣中华（1898—1927），浙江省诸暨市牌头人。1915年夏，宣中华考入杭州的浙江省立第一师范求学。当时的省立一师，在校长经亨颐、教师陈望道等人的支持下，是浙江省新文化运动的中心。1920年3月，宣中华等人组织领导震动全国的“一师风潮”，同反动当局进行斗争，挫败了反动派企图撤换经亨颐、逼迫陈望道等辞职，解散学校，驱遣学生等阴谋。“一师风潮”胜利结束后不久，宣中华等进步学生，又趁热打铁地领导杭州各校学生，开展了驱逐省长齐耀珊和教育厅长夏敬观等封建守旧势力的斗争。他们一方面派学联代表到省内各府揭露齐、夏的罪行；一方面发动数千名学生到省议会请愿，要求“弹劾齐、夏”。在强大的社会舆论压力下，终于迫使省议会通过了“弹劾省长齐耀珊案”。夏敬观由于悔罪态度较好，侥幸免于弹劾。第二天，齐耀珊就被迫辞职，离开了杭州。这一斗争的胜利，是当时全国学生运动中最为突出的事件之一。

2. 民主决策：村里的事情由村民说了算

2010 年 4 月 16 日上午，浙江平湖市曹桥街道百寿村 61 名村民代表，以高票顺利通过了 2010 年需实施的 8 件重大事项。这是这个村村级事项实行民主决策的又一次成功尝试。参与票决的村民代表徐水良认为："票决制要求村民代表多数通过才能形成决议，决策权不再掌握在少数人手里，实现了由'村官'说了算向村民说了算的转变，使村务决策更加民主科学。"

百寿村召开村级事项村民代表票决会议

第三节 文 明

一、说文解字

文明即在物质文明、政治文明和精神文明高度发达的基础上实现人的全面发展。文明是社会进步的重要标志，也是社会主义现代化国家的重要特征。

二、名人名言

凡人之所以贵于禽兽者，以有礼也。——晏子

真、善、美，是文明社会的三大特点。——周海中

把理想运用到真实的事物上，便有了文明。——雨果（法国）

文明就是要造就有修养的人——罗斯金（英国）

礼貌使有礼貌的人喜悦，也使那些受人以礼貌相待的人们喜悦。—— 孟德斯鸠（法国）

三、价值观故事

1. 文明古城西安志愿服务星光璀璨

"西安最美女孩"熊宁热心参与公益事业，先后 4 次前往青海玉树藏族自治州为当地孤儿学校和贫困牧民捐款捐物。2008 年 3 月，在她又一次前往灾区运送衣物、药品等捐助物资时，途中不幸遭遇车祸去世。熊宁以一颗广博的爱心，默默地、执着地投身于公益事业，虽然没有留下惊天动地的丰功伟绩和慷慨激昂的豪言壮语，但她身上所表现出的伟大的人格魅力，感召着越来越多的年轻人聚集在"志愿者"的旗帜下。

2015 年 3 月 4 日，西安市 50 余名青年志愿者在长安广场认真擦洗公共自行车。

2015 年 3 月 4 日，西安市 30 余名志愿者来到陕西回归儿童救助中心，为孩子们带来了价值 2 000 余元的生活必需品和数千元现金，并和孩子们一起互动表演，进行了一对一的心理辅导。图为志愿者和孩子们跳起欢快的“小苹果”。

陈绪水是另外一个在西安传颂的名字。他原籍陕西山阳县，由部队复员后就来到西安打工，其间，他拾过破烂、卖过报纸、摆过地摊，什么苦活累活都干过。但他热爱西安、热心公益，自费购置三轮车和清洁工具，20 余年如一日，坚持利用空闲时间为西安义务扫街。他倾其所有去帮助比自己还贫困的人，多年来已累计向全国各地灾区捐款 20 余万元。汶川大地震发生的第二天，他自费赴灾区当志愿者，曾组建“爱心支队”“心连心医疗服务队”等志愿者队伍，在灾区服务近半年时间。玉树地震后，他再次赶赴灾区，在一所孤儿学校支教，同时还成立了“绪水医疗队”为灾民疗伤。

不仅仅是熊宁、陈绪水，在展会、在赛场、在地震灾区，处处都有西安志愿者忙碌的身影；在农村、在社区、在困难家庭，时时有西安志愿者真诚的笑脸。市文明办统计数据显示，西安的志愿者人数超过 77 万人，各级各类志愿服务组织达 3 062 支，约占全市常住人口的 9.3%，也就是说，西安大约 10 个人中就有一名志愿者。

2. 嘉善信息技术工程学校开展“文明礼仪月”教育

“老师，您好！”“同学，你好！”“阿姨，就送到这儿吧！”“叔叔，摩托车不要进入校区！”“同学，请把垃圾丢进垃圾箱！”……每天清晨，胸挂“文明礼仪监督岗”吊牌的“礼仪小使者”准时出现在嘉善信息技术工程学校大门口，他们分列在学校大门两旁，用微笑迎接着师生们的到来，向人们传递着文明的信息。“文明礼仪岗”的设立，使学校面貌焕然一新，卫生整洁了，秩序井然了，学生行为规范了。

每年 10 月，学校利用横幅、宣传栏、黑板报等形式营造氛围，通过早读课时间朗读由政教处编印的《朗朗书声》文明知识读本，阅读《青少年文明礼仪教育读本》，通过“红歌”大家唱、主题班会、“向陋习告别”的一句话承诺和演讲比赛等方式，以“文明示范班级”和学校“文明之星”的评比为抓手，有力地推动了文明礼仪月各项活动的顺利开展，“文明之花”在校园处处绽放。

第四节　和　谐

一、说文解字

和谐的内涵即社会和谐，包括人与自然、人与自身、人与人、人与社会、人与国家等社会关系的和谐。和谐是中国传统文化的基本理念，集中体现了学有所教、劳有所得、病有所医、老有所养、住有所居的生动局面。

二、名人名言

君子和而不同，小人同而不和。——孔子

我们所要建设的社会主义和谐社会，应该是民主法治、公平正义、诚信友爱、充满活力、安定有序、人与自然和谐相处的社会。——胡锦涛

信交朋友，惠普乡邻，恤寡矜孤，敬老怀幼，救灾周急，排难解纷，修桥路以利人行，造河船以济众渡。——钱氏家训

美的真谛应该是和谐。这种和谐体现在人身上，就造就了人的美；表现在物上，就造就了物的美；融汇在环境中，就造就了环境的美。——冰心

三、价值观故事

1. 扎根中国，与中国经济共成长

菲尼克斯（中国）投资有限公司自 1993 年扎根南京，经过 21 年快速成

菲尼克斯（中国）投资有限公司
（公司发展理念：中西合璧，兼收并蓄，以信任的力量成就中外合作的典范。）

长，现发展成在华拥有5家独资公司和1家合资公司，总注册资金超过1亿美元，员工1 600余名，年销售额近20亿元，连续13年人均上缴税收超过10万元，成为德国菲尼克斯电气集团海外最大的生产与研发基地，也是集团在亚太地区的竞争力中心（全球三大竞争力中心之一），曾先后荣获中国电气工业100强/创新力10强、南京市及中国工控行业最佳雇主、全国模范劳动关系和谐企业、全国企业文化示范基地、中国社会责任优秀企业等称号，2013年获批为跨国公司国家级地区总部。

菲尼克斯（中国）投资有限公司的文化和价值观：基于“信任=责任”和“激情创新”的理念，菲尼克斯电气与员工、客户、投资方、行业、社区共同创赢未来。

公司核心价值观：振奋民族精神，服务社会大众，共建和谐社会。2008年面对全球金融危机影响，菲尼克斯中国公司正式推出“寒冬战略”，即“不减薪、不裁员、不减少对客户的承诺、不减少战略性投资；决定增资3 500万美元，成立投资公司，决定成立亚太物流枢纽、决定开工三期工程”。坚定地与国家、民族、合作伙伴、客户、员工站在一起共渡难关，以实际行动诠释“信任=责任”的价值理念内涵。

菲尼克斯（中国）投资有限公司本土团队
（100%本土团队和100%本土管理，是菲尼克斯电气全球平台本土化，中西合璧、兼收并蓄、开放包容的智慧体现。）

2. “居民说事”

2006年以前，湖北省荆州市沙市区社区各种矛盾十分突出，经常有居民上访告状，有些人动不动就打“110”，整个社区很不安宁。2008年7月，沙市区区委、区政府在全区城市社区全面推行“居民说事”制度，不仅“说”消了民怨，“说”拢了民心，也“说”新了社区民主管理机制，“说”升了党和政府的形象。

“有事您说话”（每月逢五说事）

第五节　实践活动

一、环境和谐——植树活动设计

1. 活动目的

每年“3·12”是植树节。在大地回春，万物呈现勃勃生机之际，学校积极组织开展“行动起来，争做绿色使者”实践活动。校团委要求各班大力宣传、人人参与，共同保护环境，建设美好家园。

2. 活动主题

保护环境，美丽中国梦。

3. 活动时间

××××年3月10日～12日。

4. 活动目标

以3月植树节为契机，按照上级安排，在学校团委带领下，人人参与，开展形式多样的护绿行动和植树实践活动，让学生在活动中体验成功的喜悦，增强环保意识，生态意识。

5. 活动过程

（1）发出“植树节”倡议书（3月10日）。由校团委组织，在校园宣传栏张贴“植树节”倡议书。

（2）召开绿色环保主题班会（3月11日）。各班级在3月11日下午开展有关“建绿色校园，树绿色理想”为主题的班会活动，并做好会议记录。

（3）开展“保护环境，美丽中国梦”实践活动（3月12日）。植树工具由校团委统一安排，各班级选出学生代表后，由校团委统一安排坐车到指定植树点，领取树苗，全部参与者分为三组，分为挖坑填土组、放苗贴膜组、浇水组。要求挖坑深度在75 cm左右，开口深度以能放下一棵树苗为准。为了防止水土流失，挖完坑后要在坑中铺上一层塑料薄膜，铺完薄膜后要先在坑中放入10~15 cm厚的土，然后把树苗放在土上，向坑中填土，填土后浇水，浇完水后，给还有必要填土的树木填满土，踩实，这样有利于树苗的成活。

二、文明出行——交通劝导实践活动设计

为了积极响应创建文明城市的号召，进一步提高市民文明素质，彰显我市崇尚文明、讲究礼仪、遵守秩序的社会风尚，营造“知荣明耻、摒弃陋习、践行公德、共建共享”的文明出行氛围，学校组织开展交通劝导实践活动，倡导学生体验社会不同岗位，增强学生自我交通安全意识和社会责任感，为创建文明城市作出应有贡献。

1. 活动目的

全面贯彻落实社会主义核心价值观，深入开展创先争优活动，加强和创新社会管理，以提高人的文明交通素质为根本，大力弘扬“奉献、友爱、互助、进步”的志愿精神，动员广大师生积极参与文明交通志愿服务，积极做文明交通行为的倡导者、宣传者和实践者，以实际行动参与创建文明城市，在社会上营造文明出行的良好风尚。

2. 活动时间

××××年5月12日~16日。

3. 活动地点

××区××路（街）。

4. 参加对象及组队方式

交通文明劝导队的参加对象以团员学生为主，实行自愿报名，义务服务，要求热心公益，以身作则，做文明行为示范的标兵。学校按报名人数多少进行合理分组，进行轮流值勤。

5. 活动内容

（1）开展宣传活动。大力宣传文明出行活动意义，利用宣传栏、校园广播站、交通宣传材料等手段，向学生和广大市民倡导文明出行良好风尚，摒弃机动车随意变更车道、占用应急车道、开车打手机、不系安全带、驾乘摩托车不戴头盔、行人过街跨越隔离设施等交通陋习，

坚决抵制酒后驾驶、超速行驶、疲劳驾驶、闯红灯、强行超车、超员、超载等交通违法行为。

（2）文明劝导活动。在活动开展期间，文明劝导志愿者于每日上午7：50之前到学校团委办公室领取帽子、旗子、绶带、哨子，在规定的时间和地点到岗到位，配合交警做好文明交通劝导。劝导内容主要包括劝导行人、非机动车、机动车各行其道，过马路遵守信号灯；劝导非机动车按道行驶、行人不闯红灯、不乱穿马路；劝导行人骑自行车横过马路要下车推行。值勤结束后，再将帽子、旗子、绶带、哨子等统一交至学校团委。

三、小主人微文明——校园“微文明”活动策划方案

1. 活动目的

学生是社会的未来和希望，教育并鼓励学生树立文明意识、养成文明习惯、传播文明行为，对构建文明、和谐社会具有现实与长远意义。

2. 活动介绍

“微文明”有三层含义。

一是指微小的文明、具体的文明、力所能及的文明。每个人都力所能及地从点滴小事做起，聚沙成塔，集腋成裘，每个个体的点滴文明合起来就是社会的文明风尚。

二是指青年学生的文明行为。学生处于青少年期，从微小的文明做起、做力所能及的事，符合他们的年龄特点，有利于树立信心、养成良好习惯。通过认识“微文明”、参与“微文明”，让他们感受到文明离自己很近，认识到每个人都要做文明人、每个人都能做文明人。通过全体学生的积极参与，把“微文明”行为传递给社会上更多的人。

三是指用“微信”传播文明。微信以其简单易用、实时传播、开放共享等特点深受大众欢迎。发动学生通过微信宣传身边的文明行为、曝光不文明行为，既有利于弘扬社会公德，又有利于树立他们的公民意识和正义感，共同建造一个青少年的精神家园。

3. 活动时间

××××年×月×日～×月×日。

4. 活动主题

我是校园主人，微文明从我做起。

5. 参与对象

××学校全体学生及自愿参与的家长、老师。

6. 活动原则

（1）坚持以学生为中心，发动、鼓励、指导他们自己动手、自觉参与，让他们成为“微文明”行动的主导者，充分体现其主人翁地位。

（2）坚持从小事做起、点滴积累，避免形式主义，不搞运动，力求长效，让每位学生都养成良好的个人行为习惯。

7. 活动内容

（1）活动宣传。

① 国旗下讲话：讲解微文明，发动同学、老师加入微文明行动。

② 张贴宣传海报：介绍微文明行动，征集微文明行动标志、话题、口号，招募微文明志愿者。

③ 主题班会：阐明微文明的含义，微文明行动的形式、目的和意义，由学生结合自身、学校谈良好的文明现象和做得还不够的地方，说说对校园文明的具体期待，表达自己的心愿和目标，并由专人一一记录。

④ 微信传播：以班为单位注册班级微文明微信。通过微信来发起相关话题、提出口号。班级微文明微信开始发布本次行动相关内容。

⑤ 征集签名：自己动手制作微文明宣传卡，并向家长、亲友、邻居、老师征集支持签名。

（2）活动组织。

① 举办微文明启动仪式，向全校发出微文明倡议，并进行现场宣传，征集支持签名。

② 创建班级微文明心愿墙，记录班级成员的微文明心愿、微文明目标和微文明成果，并同步发布于班级微文明微信。

③ 在校园张贴学生自制的海报、招贴画等，广泛宣传；家长接送时段在校门口向家长展示宣传手板和家长支持签名，劝导文明接送。

④ 以微文明志愿者为核心，发动和鼓励学生发现身边的文明事、文明人、文明环境，以摄影、文字、图画等各种形式通过微博予以弘扬。

⑤ 鼓励学生带动家长加入“微文明”，与孩子一起践行“微文明”、宣传“微文明”，并通过微信发布经历、成果和感想。

（3）活动后期。

① 评选出文明优秀志愿者，优秀班级。

② 评选最佳文明征文、摄影和书画作品。

③ 总结活动相关成果，保留存档。

8. 物品准备

（1）国旗下讲话稿。

（2）文明宣传展板。

（3）文明宣传条幅。

第八章　社会层面的价值观

第一节　自　由

一、说文解字

自由是指人的意志自由、存在和发展的自由，是人类社会的美好向往，也是马克思主义追求的社会价值目标。

二、名人名言

人类的历史，就是一个不断地从必然王国向自由王国发展的历史。——毛泽东

要解放孩子的头脑、双手、脚、空间、时间，使他们充分得到自由的生活，从自由的生活中得到真正的解放。——陶行知

囊括大典，网罗众家；思想自由，兼容并包。——蔡元培

自由之公例曰：人人自由，而以不侵人之自由为界。——梁启超

自由不是无限制的自由，自由是一种能做法律许可的任何事的权力。——孟德斯鸠（法国）

三、价值观故事

1. 自由择业的“快递哥”窦立国

当今社会，选择在哪里工作是人们的自由。我国公民迁徙、居住、人身、言论等自由权，都有法律保障。窦立国老家在吉林农村，因为家境贫寒，读完小学二年级，他就辍学了。1996 年，窦立国来到北京“北漂”。期间，他当过保安，做过厨师。2008 年，窦立国和爱人一起，当起了快递员。经过多年的奋斗，窦立国成了申通快递北京凤凰城分公司经理。2014 年 9 月 19 日 9 时，美国纽交所，作为快递行业“百万分之

一”的代表，窦立国站在敲钟台上，见证了阿里巴巴上市的历史性时刻。

从2012年开始，窦立国以个人名义做爱心捐助。他在网上发布消息，上门收取爱心人士捐赠的图书、衣服、文具等。至2014年9月份，他已经先后送出近20万件捐赠衣物，受助群众遍布四川、河南、贵州、甘肃、河北等地区。他在河南省息县建了两座乡村书屋，每座书屋里有4 000本书。这些书也都是北京的爱心人士捐赠的。

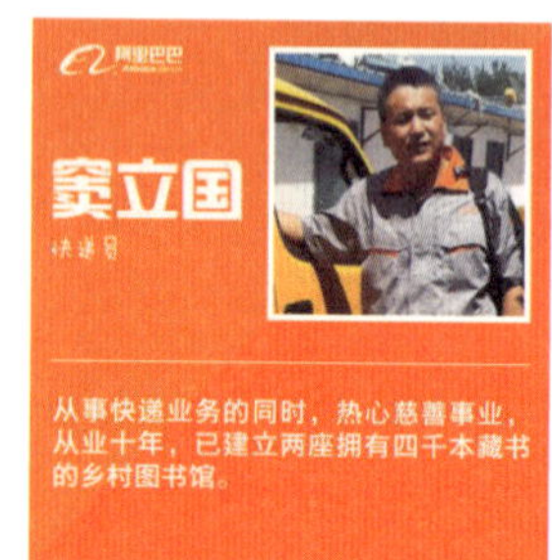

快递员窦立国

窦立国跟员工们边分拣快件边聊上几句。他的员工并不喊他“窦经理”，都是喊他“窦哥”，或者是他的网名“窦逗”。“快递哥窦逗”的微博现在有近万名粉丝，在北京的快递行业和慈善界都小有名气。

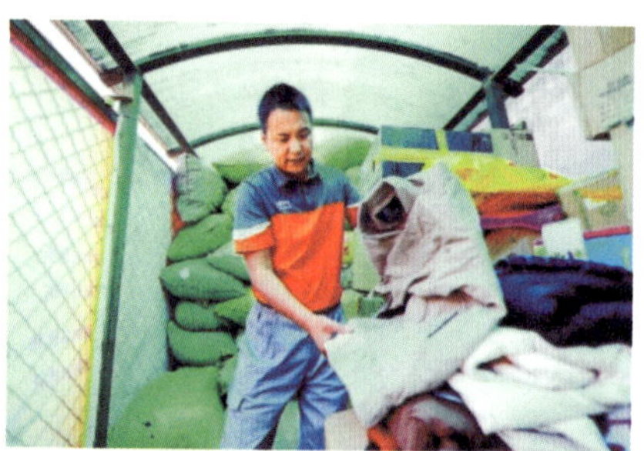

窦立国在库房里把大家捐赠来的每件衣服都叠整齐。每周，他基本保持四天上门收取衣物，两天在公司整理。他至今仍保持着“个人慈善”的状态，基本没有其他人帮助。

2. 北京法院审理金山公司诉周鸿祎微博名誉侵权案

2010年5月25日至27日间，360公司负责人周鸿祎连发数十条直指金山的微博，金山随后将周鸿祎告上法庭，认为被告“严重侵害了原告的名誉权和商业信誉”，请求法院判令周鸿祎撤回相关微博文章，在指定媒体公开致歉，承担1 200万元的经济损失及公证费用等。2011年3月，北京市海淀区人民法院一审判决支持原告的部分诉讼请求，要求周删除20条微博，并公开致歉，赔偿8万元，但法官也指出，网络上的言论有一定的“豁免权”；二审判决确认周鸿祎只需删除其中两条微博，其他博文内容“尚未达到构成侵犯名誉权的程度”，赔偿5万元。判决书中指出：“个人微博作为一个自由发表言论的空间……为实现我国宪法所保障的言论自由提供了一个平台。”同时，“涉及批评的内容，还往往起到了舆论监督的积极作用”。终审法院北京市第一中级人民法院一名法官称，“尽管判决结果不一样，但一审二审的法官都在探索微博言论自由的边界，用法律秩序来维护公民的言论自由权利。”

《南方周末》报社编辑部把此案评为“2011年中国十大影响性诉讼”之二，认为“言论自由”四字重如千斤。在一个名誉侵权案件中，尽管判决结果不同，但北京两级法院法官如此珍爱言论自由，并将本案从民法层面提升到宪法层面，令人欣慰。当微博成为全世界、全中国最新鲜的言论媒介之后，保护微博，就是在保护宪法所保护的言论自由，就是在拓展公民自由的空间。

金山、周鸿祎口水仗打上法庭

庭审现场

第二节 平 等

一、说文解字

平等指的是公民在法律面前的一律平等，其价值取向是不断实现实质平等。它要求尊重和保障人权，人人依法享有平等参与、平等发展的权利。

二、名人名言

聪明才力愈大者，当尽其能力而服千万人之务，造千万人之福。聪明才力略小者，当尽其能力以服十百人之务，造十百人之福……至于全无聪明才力者，亦当尽一己之能力，以服一人之务，造一人之福。照这样做法，虽天生人之聪明才力有不平等，而人之服务道德心发达，必可使之成为平等了，这就是平等之精义。——孙中山

妇女要同男子一样，有自由，有平等。——毛泽东

我不同意你的观点，但是我愿意誓死捍卫你表达自己观点的权利。——伏尔泰（法国）

人人生而自由平等。——卢梭（法国）

绍兴市最大的民工子弟学校——群贤小学全貌。学校占地 40 亩，建筑面积约 20 000 平方米，拥有 1 000 多平方米的图书阅览室，2 000 平方米的风雨操场以及 200 米的塑胶田径场。

群贤小学拥有 36 个普通教室，19 个专用教室。

我们将会这样生活，因为我们将要创造一个承认所有的人生来平等的社会，对于生活、自由、幸福、人权和好的政府,每个人都享有平等的权利。——曼德拉（南非）

三、价值观故事

绍兴袍江工业区有人口 10 多万，外来人口就占了 8 万。坐落在绍兴市袍江区的群贤小学有 1 081 名学生，外地学生就占了 90%，为了让外来人员子女在这里安心读好书，群贤小学在全市率先实行本地学生与外地学生收费一视同仁的标准，所有民工子女享受免收借读费和学杂费的待遇。他们和绍兴当地的学生一样，能坐在漂亮宽敞的校舍读书，在设备齐全的室内体育馆打球，每天还有校园班车接送他们上下学。

第三节　公　正

一、说文解字

公正即社会公平和正义，它以人的解放、人的自由平等权利的获得为前提。公正是法治追求的价值目标。

二、名人名言

以至公无私之心，行正大光明之事。——（明）吕坤

理国要道，在于公平正直。——（唐）吴兢

公正是施政的目的。——丹·笛福（英国）

力量来自公正。——林肯（美国）

对他人的公正就是对自己的施舍。——孟德斯鸠（法国）

三、价值观故事

2011 年 11 月，国家注重教育公平，拨款 160 亿元专门用于解决 2 600 万贫困地区学生的吃饭问题。云南省禄劝彝族苗族自治县翠华乡汤郎箐小学之前由于学校经费和炊事员精力所限，每天只能提供两顿饭，而学生自带的主食主要是土豆。2012 年年初起，禄劝农村义务教育阶段中小学生每生每天获中央财政 3 元营养膳食补助，孩子们终于吃上了肉、鸡蛋、水果等营养餐。

习近平总书记多次强调，“把贫困地区孩子培养出来，这才是根本的扶贫之策。”2014 年中央经济工作会议要求保障和改善民生，提出要让贫困家庭的孩子都能接受公平的有质量的教育，不要让孩子输在起跑线上。从 2014 年开始，国家将每年的 10 月 17 日设立为“扶贫日”，表明中国不遗余力向贫困宣战的决心。无论城市贫困的家庭，还是大山深处的孩子，都能共享同一片蓝天。“同一的太阳照着他的宫殿，也不曾避过了我们的草屋。日光是一视同仁的。”莎士比亚说的又何尝不是教育公平的追求目标?

汤郎箐小学学生就餐

这是用中国扶贫基金会组织的“捐一元献爱心送营养”活动给孩子喝的学生奶盒制作而成的奥特曼。这些牛奶盒，是爱心的痕迹，学生不忍丢弃，便加以利用制作成各种玩具模型。

第四节　法　治

一、说文解字

法治是人类政治文明的重要成果，是现代社会的一个基本框架。依法治国是社会主义民主政治的基本要求。它通过法制建设来维护和保障公民的根本利益，是实现自由平等、公平正义的制度保证。对于现代中国，法治国家、法治政府、法治社会一体建设，才是真正的法治。

二、名人名言

不以规矩，不成方圆。——孟子

家有常业，虽饥不饿；国有常法，虽危不乱。——韩非子

天下之事，不难于立法，而难于法之必行。——张居正

有法必然治国，无法必然乱国；法有权威则治，法无权威则乱。——董必武

宪法和法律是党的主张和人民意志相统一的体现。——江泽民

三、价值观故事

1. 陈燕萍当选 2009 年度十大法治人物

作为一名基层法官，江苏省靖江市法院江阴园区法庭副庭长陈燕萍致力于法庭审判工作，她到乡村办案，到当事人家里办案，将工作

“柔情法官”“平民法官”、全国模范法官陈燕萍

在西方国家，法律是以左手提一秤，右手举一剑的正义女神来表示的。

独角兽，学名“獬豸”，公正和严明的化身，是中国传统文化中法律的象征物。

方式的灵活性和法律规定的原则性充分地结合，以人为本的办案理念和不徇私情的工作作风，使她审理的 3 100 余起案件中无一错案，无一投诉，无一上访。她真正做到了"案结事了"，无形中将审判与执行一并解决，在全社会破解"执行难"的今天，她的办案方式和经验尤其值得总结和推广。

2. 学生"模拟法庭"

2014 年 12 月，青海省水电职业技术学校举办了一场别开生面的法制教育活动——学生"模拟法庭"活动。

此次"模拟法庭"活动，选取的是校园内学生不良表现最为突出的打架、斗殴事件，由学生自己模拟法官、律师、检察官、被告等角色，演绎审判过程的形式。庭审过程包括开庭、法庭调查、举证质证、法庭辩论、被告人最后陈述、休庭宣判等六个环节，完全按照正式的审判过程进行，融知识性、教育性、警示性于一体，使学生亲身感受到法律的严肃性，对旁听学生起到了震慑作用，提高了他们守法的自觉性，让学生明白违法犯罪必受法律制裁的道理。

模拟法庭

第五节　实践活动

一、闭上眼睛，体验盲人的20分钟

（1）活动目的：培养学生关心他人、合作互助的能力，增强平等意识。

（2）活动准备：三角布巾或布条数条。

（3）活动过程：

①在老师引导下，将全班同学分为两组，可以自由组合。

②老师宣布绕校园一周或指定行走路线。

③将其中同学的眼睛蒙上，由另外一名同学引导他走完规定路线。

④交换角色扮演，再走一遍。

⑤请每个同学写一写心得体会。

二、珍惜青春 拒绝犯罪

（1）目的与任务：引导学生通过学习《刑法》，参观××市监狱（拘留所），解析青少年犯罪的典型案例等活动，明晰犯罪行为所承担的刑罚，认识犯罪行为给社会带来的伤害和犯罪行为人要承担的法律责任，让学生感受法律权威，树立拒绝犯罪的态度。

（2）活动建议：参观××市监狱（拘留所），并请法警介绍若干个青少年犯罪的典型案例。

（3）活动准备：

①由学校出面与××市监狱（拘留所）联系，落实时间和讲课法警。

②组建小组，按4~6人组队，推举小组长。

③带上纸和笔，要求撰写“观后感”或“听后感”。

（4）活动开展：

①由学校安排车辆接送，完成参观和听讲。

②组内成员互相修改观后感或听后感，并推荐一名同学作为本组代表。

③班长邀请每组代表上讲台展示每组推荐的观后感或听后感。

（5）活动总结：

①教师总结本次活动的意义和价值。

②在班委的统一安排下，将同学们创作的观后感或听后感编辑成一本书，取名为《珍惜青春，拒绝犯罪》。

第九章　公民个人层面的价值观

第一节　爱　国

一、说文解字

爱国是基于个人对自己祖国依赖关系的深厚情感，也是调节个人与祖国关系的行为准则。它同社会主义紧密结合在一起，要求人们以振兴中华为己任，促进民族团结、维护祖国统一、自觉报效祖国。

二、名人名言

夜阑卧听风吹雨，铁马兵河入梦来。——陆游

寄意寒星荃不察，我以我血荐轩辕。——鲁迅

苟利国家生死以，岂因祸福避趋之。——林则徐

黄金诚然是宝贵的，但是生气蓬勃、勇敢的爱国者却比黄金更为宝贵。——林肯（美国）

真正的爱国主义不应该表现在漂亮的言词中，而应该表现在为祖国谋福利，为人民谋福利的行动上。——杜勃罗留波夫（俄国）

三、价值观故事

沈庆军，男，35 岁，嘉善信息技术工程学校政教处主任，曾获得嘉善县十大杰出志愿者，嘉善县十大杰出青年等荣誉。2012 年 6 月，他主动报名前往新疆沙雅国庆高级中学支教。那时，他年幼的女儿才 7 岁，年迈的父母需要照顾，但他说：“作为一个共产党员，我要积极响应政府的援疆支教活动，把嘉兴的红船精神带到新疆。”

嘉善县十大杰出青年 沈庆军

通过不懈努力，他所带班级的数学成绩在第一次期中考试中就位列全年级第一，并且远远领先其他班级。深受广大维吾尔族等少数民族师生的好评。他采用校本教研、师徒结对、专题讲座等方法来提升沙雅国庆高级中学的教师业务水平，为沙雅国庆高级中学培养一支永远不走的师资队伍而奉献自己的绵薄之力。

第二节　敬　业

一、说文解字

敬业就是尽一切努力做好本职工作。敬业要求公民忠于职守，克己奉公，服务人民，服务社会，充分体现了社会主义职业精神。

二、名人名言

知者必量其力所能至而从焉。——墨子

凡职业都具有趣味的，只要你肯干下去，趣味自然会产生。做任何事都一样，需要有恒心、细心和毅力，那才会到达成功的彼岸。——梁启超

不要把工作当成义务，要当作权利。——池田大作（日本）

世界上没有卑贱的职业，只有卑贱的人。——林肯（美国）

人生在世是短暂的。对这短暂的人生，我们最好的报答就是工作。——爱迪生（美国）

三、价值观故事

1. 爱岗敬业的王玉高老师

1999 年 8 月，王玉高老师从贵州丹寨县长青乡政府调到丹寨县民族职业技术学校任教，从事电子电工专业的教学工作任务。“教书育人是自己的职责，爱岗敬

业是自己的本分。”王玉高老师是这样想的，也是这样做的。从教 15 年来，他一直都是全身心地投入到工作之中去，心中装着学生，无论发生什么事情，都始终把工作放在第一位。2014 年被贵州省人社厅、教育厅表彰为“贵州省优秀教师”，他那爱岗敬业的工作态度和行为深深影响着身边的每一个人。

2. 小提琴协奏曲《梁山伯与祝英台》

何占豪，1933 年出生，浙江诸暨市阮市镇何家山头村人，上海音乐学院教授。1950 年参加浙江省文工团，后转入浙江越剧团当一名演奏员。1957 年，何占豪考入上海音乐学院管弦乐进修班，学习小提琴。后转作曲系学习作曲。

1959 年，何占豪满怀对人民共和国的热爱和青年人的激情，和校友陈钢等共同创作小提琴协奏曲《梁山伯与祝英台》。一曲《梁祝》饱享盛誉，是中国家喻户晓的小提琴作品，是全世界演出和录音版本最多的中国管弦乐曲，是世界人民了解中国音乐的必听曲目，被誉为“为中国创造民族化交响乐开拓一片绿野”的“不朽的（中国）民族音乐经典”，是“整个东方音乐的骄傲”。

第三节　诚　信

一、说文解字

诚信即诚实守信，它强调诚实劳动、信守承诺、诚恳待人。

二、名人名言

言不信者，行不果。——墨子

诚信为人之本。——鲁迅

如果要别人诚信，首先要自己诚信。——莎士比亚（英国）

诚实是人生的命脉，是一切价值的根基。——德莱塞（美国）

欺人只能一时，而诚信都是长久之策。——约翰·雷（英国）

三、价值观故事

“聆听道德故事，传诵道德经典，感受道德魅力”，2014 年 10 月 30 日下午，青海省水电职业技术学校举办了以“诚于行，爱致远”为主题的别开生面的道德讲堂，共有四百余名师生参加了此次活动。

这是一堂生动感人的道德课，道德模范的真情讲述，表现了诚信、友爱、爱国敬业的社会主义核心价值观，对师生们的学习、工作有很大帮助。

第四节　友　善

一、说文解字

友善强调公民之间应互相尊重、互相关心、互相帮助，和睦友好，努力形成社会主义的新型人际关系。

二、名人名言

要做一个在寒天送炭，在痛苦中送安慰的人。——巴金

谁若想在困厄时得到援助，就应在平日待人以宽。——萨迪（伊朗）

对于我来说，生命的意义在于设身处地地替他人着想，忧他人之忧，乐他人之乐。——爱因斯坦（美国）

善是精神世界的阳光。——雨果（法国）

我获得人家的信任，一不恳求，二不追求；我只是在尽我一切义务的时候，诚心诚意，信念十足，以求人家对我这个人的最大的尊敬，即使在做一件微不足道的事情的当儿。——巴尔扎克（法国）

三、价值观故事

1. 绍兴中专爱心捐助

2009 年 11 月 6 日，绍兴中专 2009 级商外（2）班教室里爱心涌动，由团委组织的爱心捐助活动在这里举行。来自全校外语、财会、机电、建筑、化工学区的 54 个班级的团员代表，怀着对绍兴中专 2009 级商外（2）

爱心捐助现场

班黄××同学因家中突受火灾而生活遇到了困难的深切关爱之情，及对她及家人的诚挚问候之意，将各班团员的 11 100 元捐款依次投入到捐款箱中。

“我是不幸运的，因为一场大火毁了我的家园；但我又是幸运的，因为我在绍兴中专这充满爱心的美丽校园就读。”这是黄××同学的心声。

2. 毛陈冰献血救孕妇

2007 年 9 月 14 日，20 岁的中国美院学生毛陈冰从 QQ 群中看到一则求救信息：贵州省黎平县 29 岁的农村孕妇杨昌花，因宫外孕大出血，生命垂危。而她的 ABRH 阴性血型因非常稀有，被称作“熊猫血”，整个贵州省的血库里都没有，急需帮助。为了远方那个危在旦夕的生命，也是 ABRH 阴性血型的毛陈冰决定立刻去献血救人。从未出过远门的她向同学借了 1 500 元钱，坐火车从杭州赶到上海，乘机飞往贵阳，又坐上长途班车，颠簸了近 11 个小时，到达黎平的医院。毛陈冰 240 毫升 ABRH 阴性血输入了杨昌花体内，贵州妇女终于脱离危险。其实，在这次献血前一个月，毛陈冰在杭州刚刚参加过献血。而按照常规，两次献血至少要间隔 6 个月，毛陈冰的这种先人后己、不顾个人安危的博爱精神和义举，令人钦佩折服。

第五节 实践活动

一、发现身边最美丽的人，传递正能量

1. 活动目的

通过寻找、挖掘身边的助人为乐榜样、见义勇为榜样、诚实守信榜样、敬业奉献榜样、孝

老爱亲榜样，营造出学习、关爱、崇尚、争当道德模范的浓厚氛围，传递正能量；通过在校园内深入宣传“最美人物”先进事迹，发挥时代楷模的榜样引领作用，体现“爱国、敬业、诚信、友善”社会主义核心价值观的真含义。

2. 活动过程

（1）办一期“学习‘最美中国人’”的黑板报，宣传他们的先进事迹和崇高品德。

（2）开展“美德少年”标准征集活动，并制定符合学生实际的“美德少年”标准，并要求学生对照标准，寻找发掘“美德少年”典型，予以表彰，广泛宣传。

二、中职学生价值观状况问卷调查

亲爱的同学：

首先，十分感谢您能接受这份问卷调查。为了深入了解当今中职学生的价值观状况、特点，中职学校开展此项问卷调查。本调查纯粹为了学术研究的目的，调查将采用匿名的形式，因此，此次调查活动不会对您的声誉、利益等产生任何不良影响，也不会给您留下任何后顾之忧。敬请您按自己真实的观点填写问卷。

感谢您的支持与配合！

××学校

××××年×月×日

一、问卷内容

（一）您的基本情况，请在（ ）中打“√”

1. 性别：男（ ） 女（ ）
2. 您入学前来自：农村（ ） 城镇（ ） 城市（ ）
3. 您现在是：一年级（ ） 二年级（ ） 三年级（ ）
4. 您的专业：（ ）
5. 您是否经常上网：经常（ ） 有时（ ） 偶尔（ ） 从来没有（ ）

（二）您对下面问题有什么看法，请在较符合您意思的答案的括号里打“√”

1. 国家的利益高于一切。
   完全同意（ ）基本同意（ ）基本不同意（ ）完全不同意（ ）
2. 纪律是对人个性的约束。
   完全同意（ ）基本同意（ ）基本不同意（ ）完全不同意（ ）
3. 拒绝拿自己和别人比较，走自己的路，让别人去说吧。
   完全同意（ ）基本同意（ ）基本不同意（ ）完全不同意（ ）
4. 只要出于真心，中职生可以恋爱。
   完全同意（ ）基本同意（ ）基本不同意（ ）完全不同意（ ）
5. 社会富裕了，要求青少年艰苦奋斗有点不合时宜。
   完全同意（ ）基本同意（ ）基本不同意（ ）完全不同意（ ）
6. 只关心自己的人是小人，以他人为重的才是君子。
   完全同意（ ）基本同意（ ）基本不同意（ ）完全不同意（ ）
7. 道德和利益相比，道德是第一位的。
   完全同意（ ）基本同意（ ）基本不同意（ ）完全不同意（ ）
8. 为朋友要两肋插刀。
   完全同意（ ）基本同意（ ）基本不同意（ ）完全不同意（ ）
9. “不求天长地久，只求曾经拥有”的爱情观。
   完全同意（ ）基本同意（ ）基本不同意（ ）完全不同意（ ）
10. 亲兄弟，明算账。
    完全同意（ ）基本同意（ ）基本不同意（ ）完全不同意（ ）
11. 有钱能使鬼推磨。
    完全同意（ ）基本同意（ ）基本不同意（ ）完全不同意（ ）
12. 个人的利益应该服从集体的利益。
    完全同意（ ）基本同意（ ）基本不同意（ ）完全不同意（ ）

13. 和高中生相比，中职生的总体素质低一些。
完全同意（ ）基本同意（ ） 基本不同意（ ） 完全不同意（ ）
14. 当今社会，成功的道路有很多种，是否上大学不是必须条件。
完全同意（ ）基本同意（ ） 基本不同意（ ） 完全不同意（ ）
15. 我对建立一个更理想的社会负有责任。
完全同意（ ）基本同意（ ） 基本不同意（ ） 完全不同意（ ）

二、请就下面的问题，做出您的选择，只能选一项，在最接近您意思的答案括号内打“√”

1. 您认为在当今社会，多数人遵循的原则是：
A. 为他人着想，克己奉公。（ ） B. 我为人人，人人为我。（ ）
C.为自己的利益而奋斗。（ ）
D.没想过。（ ）
2. 与人相处时，您会：
A.克制自己将就别人，以争取更好的人际关系。（ ） B.与人为善，互帮互助。（ ）
C.追求公平，公正。（ ） D.互相利用。（ ）
E.为了达到自己的目的，不惜损人利己。（ ）
F.各人自扫门前雪，莫管他人瓦上霜。（ ） G.没认真想过。（ ）
3. 您现在的学习动机是：
A.打好基础，今后在社会上做一番事业。（ ） B.打好基础，为今后进一步学习深造。（ ）
C.毕业后找份好工作。（ ） D.获得奖学金。（ ） E.对得起父母。（ ）
F.没想过。（ ）
4. 您对自己当前的学习状况：
A.很满意（ ） B.基本满意（ ） C.不满意，但又无法改变（ ）
D.不满意，但也不想作什么改变。（ ） E.没想过。（ ）
5. 考试时，如果您发现同学作弊，您将会：
A.向监考老师揭发或提醒老师注意。（ ） B.自己暗示他不要作弊。（ ）
C.觉得这种行为可耻，但又不表现出来。（ ） D.反正不关自己的事，不管不问。（ ）
E.作弊的人太多了，习以为常。（ ） F.有机会自己也作弊。（ ）
6. 您对自己的前途：
A.充满信心。（ ） B.不太乐观。（ ） C.比较迷茫（ ）
D.比较悲观。（ ） E.无所谓（ ） D.没想过（ ）

7. 假如在公共汽车上有人行窃，作为目击者您会：

A.挺身而出，阻止行窃。（ ）B.设法报警。（ ）

C.虽有仗义之心，但无阻止之力，只好听之任之。（ ） D.提醒事主。（ ）

E.事不关己，趁早躲开（ ）F.装作没看见（ ）

8. 如果您独自捡到一个钱包，内有巨款现金，您将会：

A.交给有关部门。（ ） B.内心很矛盾，最后还是交了。（ ）

C.内心很矛盾，最后不交。（ ） D.如果没人知道就归自己。（ ）

E.不知道怎么办，征求亲人或朋友意见来决定。（ ）

9. 选择工作时，您认为最重要的是：

A.能发挥自己的个性和才能。（ ） B.收入高。（ ） C.工作稳定。（ ）

D.社会地位高。（ ） E.合自己的兴趣。（ ） F.其他。（ ）

10. 您认为影响一个人事业和前途的最主要因素是：

A.家庭的背景（ ） B.自己的知识水平。（ ）C.能力和素质。（ ）

D.领导的赏识。（ ） E.机遇。（ ） F.说不清。（ ）

11. 您认为对您的思想品德影响最大的是：

A.家庭（ ） B.学校（ ） C.社会（ ） D.朋友（ ） E.重大社会事件（ ）

F. 其他（ ）

12. 当您觉得学校的收费有问题时，您往往：

A. 诉诸法律或政府部门，捍卫自身利益。（ ）

B. 向媒体曝光，以引起领导的重视。（ ）

C. 找校方理论，并与其私了解决。（ ） D. 自认倒霉。（ ）E. 其他（ ）

13. 假如您需要买一部自行车，而您知道准备卖给您的是一部“赃车”，您的态度是

A. 坚决不买，不能让偷车贼得逞。（ ） B. 不买，担心要承担不良后果。（ ）

C. 心里有矛盾，但还是买了。（ ） D. 无所谓，反正大家都买。（ ）

14. 对于网上交友，网上恋爱等，您的态度是

A. 应用心交往、真诚相待。（ ） B. 一种娱乐消遣方式，大体上还是说真话。（ ）

C. 玩玩而已，无需认真。（ ）D. 只要不造成人身和财产损害，就可以毫无顾忌（ ）

E. 不明确。（ ）

15. 您对自己在中职学校的学生生活

A. 很满意。（ ） B. 基本满意。（ ） C. 不满意。（ ）

D. 很失望。（ ） E. 无所谓。（ ） F. 没感觉。（ ）

16. 您认为很多中职生谈恋爱是因为：

A. 出于真心相爱。（ ） B. 因为生活无聊，找个寄托。（ ）

C. 出于好奇，尝试一下。（ ）

D. 出于“人有我有”的攀比心理。（ ） E. 炫耀，满足虚荣心。（ ）

F. 玩玩而已。（ ）

17. 您认为人的本质是什么？

A. 人的本质是自私的。（ ） B. 人之初，性本善。（ ）

C. 人的一半是天使，一半是魔鬼。（ ）

D. 不知道。（ ） E. 没想过。（ ）

18. 您对中职学校教师的总体态度：

A. 很真心地尊敬。（ ） B. 还算能真心敬重。（ ） C. 内心没感觉，表面尊重。（ ）

D. 内心和表面都不太尊重。（ ） E. 看不起。无需尊重。（ ）

19. 您最崇拜的是哪一类人物：

A. 李嘉诚式的成功商人。（ ） B. 邓小平式的政治伟人。（ ）

C. 雷锋式的道德高尚者。（ ） D. 爱因斯坦式的大科学家，大学者。（ ）

E. 体艺明星。（ ） F. 其他。（ ） G. 没有偶像。（ ）

20. 您比较倾向于下面哪种生活观：

A. 积极上讲，拼搏进取。（ ） B. 知足常乐，随遇而安。（ ）

C. 潇洒超脱，不计名利。（ ）

D. 追求轻松、享受、快乐。（ ） E. 没想好。（ ）

21. 您对“舍己为人”“大公无私”等品质：

A. 很向往，希望成为自己的道德品质。（ ） B. 很向往，但自己做不到。（ ）

C. 希望别人做到，不希望自己做到。（ ） D. 不以为然（ ）。 E. 觉得很傻。（ ）

22. 您和父母之间的关系：

A. 很亲近和谐，非常体谅父母，感谢他们的养育之恩，准备以后好好报答。（ ）

B. 较好，常会有一些互相交流。（ ）

C. 一般，没有多少感情沟通，仅仅是衣食父母。（ ）

D. 不太好，觉得他们很烦。（ ） E. 不好，讨厌他们。（ ）

23. 对于您生活中的一些决定，如：是否继续在校读书、读什么学校、什么专业，是否购置电脑等，谁来决定：

A. 基本都是父母。（ ） B. 大多数是父母。（ ） C. 商量后一起决定。（ ）

D. 大多数是自己决定。（ ） E. 基本都是自己决定。（ ）

24. 中职生活中，您的烦恼和压力主要来自：

A. 家庭生活、父母。（ ） B. 经济。（ ） C. 学习负担。（ ） D. 人际关系。（ ）

E. 自身条件。（ ） F. 对未来的担心。（ ） G. 学校生活。（ ） H. 其他。（ ）

I. 没什么烦恼。（ ）

三、讲“诚信”设计

（1）活动目的：

通过本次活动让学生获得知识，积累经验，并对“诚信”有深刻体会，从而增强学生以德立身，诚实守信的意识，提高学生的道德修养，使学生认识到诚实是一个人必备的品质，使其成为一个品德高尚的人。

（2）活动时间：××××年4月1日～25日。

（3）活动对象：××班。

（4）活动主题：诚信与我同在。

（5）活动过程：将该班同学分成A、B、C、D四个小组。

4月1日～10日：前期调查，从“学生行为习惯”和“学生对学习诚信的看法”两个方面进行调查。

4月11日～21日：认识“诚实”的重要。

① A组：课外搜集“诚信”的格言，并制作黑板报，至少要搜集到15条有关诚信的名言。

② B组：课外搜集有关“诚信”的故事，整理并从诚信的好处和不讲诚信的危害两方面进行分类。

③ C组：自主设计调查问卷，做好其他班级学生（至少两个班级）“诚信”问题认识的问卷调查。

④ D组：在教学楼的三块公共黑板报上做好诚信专题黑板报。

4月22日～4月25日：组织交流。

① 各小组把收集的资料进行汇总、整理。

② 分小组按照分组内容进行汇报（可以邀请其他班级学生参加）。

附：学生对学习诚信方面的看法调查表，详见下表。

（1）作业和考试是否抄袭		
从未有过	曾经有过	经常抄袭
（2）作业完成情况		
按时完成	经常欠交	偶尔交
（3）没完成作业时怎么办		
主动承认错误并改正	撒谎编理由	置之不理

推荐书目

1.《培育和践行社会主义核心价值观》编委会：《培育和践行社会主义核心价值观（青少年版）》，新华出版社，2014 年 6 月版。

2. 季明：《核心价值观概论》，人民日报出版社，2013 年 8 月版。

3. 上海锦绣文章出版社：《社会主义核心价值观故事读本》，上海世纪出版股份有限公司，2014 年 8 月版。

4. 陈红太：《中国民主政治建设创新案例调研》，中国社会科学出版社，2010 年 9 月版。

5. 刘子奇：《细节决定成败（小故事版）》，哈尔滨出版社，2009 年 4 月版。

6. 余秋雨：《文明的碎片》，春风文艺出版社，1994 年 5 月版。

7.《赢在中国》项目组：《俞敏洪创业人生》，中国民主法制出版社，2008 年 4 月版。

8. 杨义：《身边的感动：践行社会主义核心价值观》，人民日报出版社，2012 年 3 月版。

9. 王建：《大国的忧思（中国复兴之路）》，中国经济出版社，2010 年 1 月版。

10. 中国国际问题研究所组：《中国大视野：国际热点问题透视》，中国人民大学出版社，2014 年 4 月版。

11. 全国干部培训教材编审指导委员会：《基层民主建设》，人民出版社、党建读物出版社，2011 年 7 月版。

推荐网址

第四篇 我们的职业

WOMEN DE ZHIYE

第十章　认识职业

第一节　职业的定义

职业一词由“职”与“业”二字构成：“职”的原意是职务、职位的意思；“业”的原意是事业、事情的意思。前者是一种社会符号，因为职务和职位代表着社会组织中的分工和地位；后者是一种个人符号，因为事业和事情代表着个人所从事工作的内容和方式。“职业”这两个字合起来，其实就是指个人在社会上特定位置所从事特定工作的意思，它作为个人与社会互动的结合点，反映着个人和社会两个方面的内容，这就是职业最原始、最基本的含义。职业是兼顾个人价值需求与社会发展需要的具有特定职责及行为模式的岗位系列。

第二节　职业的特性

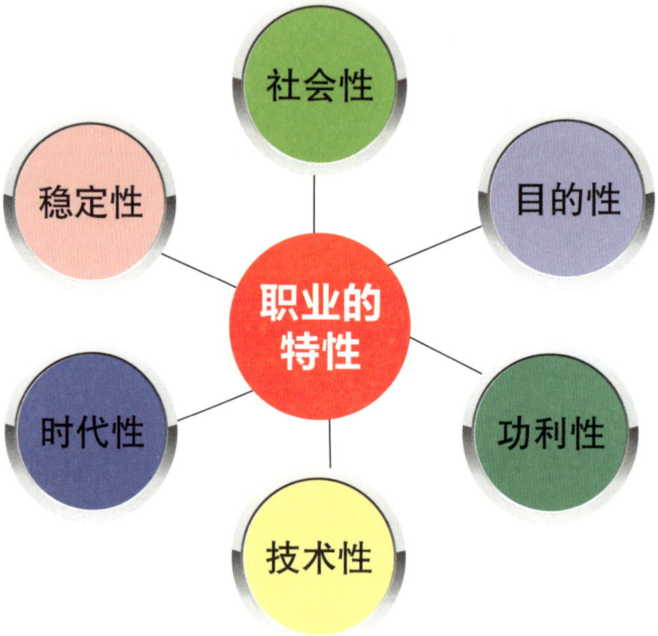

职业的特性

社会性

目的性

功利性

技术性

时代性

稳定性

第三节　职业发展定律

古代手工业职业和技艺多为家族世袭的，当然这种世袭并非权力的垄断，而是技艺的传承和提高使然。家族成员从事某种技艺所形成的祖传绝活的单传，自然要保持连贯性和隐秘性，带有对行业技艺进行垄断的色彩。世袭的职业和技艺就成为家族的标志，甚至成为姓氏的来源。《考工记》是一部专门记载战国时代各种手工业生产技艺的典籍，记载了木工、铁工、皮革、练丝、染色、兵器、乐器等几十种手艺、职业的名称，书中多称为某氏，例如：筑氏（建筑）、韦氏（皮匠）、冶氏（冶炼）、钟氏（铸钟）。陶（制陶）、屠（屠宰）、庖（厨师）、梓（木工）、甄（陶器）、车（制车）、蒲（编织）、弈（制棋）、巫（巫师）、卜（占卜）、优（优伶）等姓氏也源自家族世袭的职业或技艺。

职业是人类社会的生存工具，在人类社会文明进步的历程中，职业始终肩负着传承文明的使命，并在这个过程中不断得到发展和繁荣。职业的发展变化大概有四条基本定律。

在愚昧落后的社会土壤中，人们把美好生活的愿望都寄托在神灵身上，于是巫师、风水先生等职业吃香；现当代人需要丰富多彩的精神文化生活，教师、作家、画家、演员、网络游戏编辑师等职业就备受青睐。这种因消费需求变化而变化的职业发展规律，可以称之为消费需求定律。

建筑工程包含了运砖、砌墙、安装门窗等劳动分工。在生产力发展到一定程度的时候，它必然要求劳动者作相应的分工，来适应劳动生产的职能，从而创造新的职业。原来一个人既运砖又砌墙，还管安装门窗，工作效率很低。为了提高生产效率，运砖的只管运砖，就成了固定的搬运工；砌墙的只管砌墙，就成了固定的瓦工；安装门窗的只管安装门窗，就成了固定的木工。这样，搬运工、瓦工、木工都成了一种职业。生产力越发达，劳动分工就越细，职业也就越多，劳动分工与职业分工的正相关状态，可以称之为劳动分工定律。

科学技术是第一生产力。每一项科技创新往往意味着新的发明创造，新的发明创造往往意味着新思维、新方法、新技术、新产品，以及新的生产、生活方式的出现，这些必将增加职业岗位和种类，为个人提供更多的工作机会。如电子学的发现和应用，创造出几百种的现代职业。新材料、新能源、电子工业、信息工业、生物工程等领域的科技创新，创造了很多新的职业。同时，科技创新也淘汰了一批旧职业，如汉字激光照排技术的广泛运用，创造了录入员、排版工等新职业，却也因此结束了铅字印刷历史，淘汰了大量的检字工。这些情况表明，科技创新与职业创新密切相关，两者密切的相互作用关系，可以称之为科技创新定律。

有森林才有伐木工，有大海才有渔民，有禽兽才有猎人，有工厂设备才有工人，有社会组织才有管理者。因此，任何社会职业都是在一定的资源环境中产生的，没有资源条件的职业几乎是不存在的。反过来，职业要是失去了相应的资源条件，也必然会萎缩甚至消失。人们趋之若鹜的观光旅游，催生了与吃、住、行、玩、购有关的职业岗位，其中导游就完全依附在旅游资源开发上。如果没有旅游资源，就不会有导游。这种职业与资源的耦合现象，不是个别领域的现象，而是一种普遍的现象，因而可以称之为资源耦合定律。

第四节　实践活动

一、阅读思考材料

材料一：唐朝贞观年间，长安城西的一家磨坊里，有一匹马和一头驴。它们是好朋友，马在外面运输货物，驴在屋里推磨。贞观三年（629 年），这匹马被玄奘大师选中，经西域前往印度取经。17 年后，这匹马驮着佛经回到长安，它重到磨房会见驴朋友。老马谈起这次旅行的经历：浩瀚无边的沙漠、高入云霄的山岭、凌峰的冰雪……那种神话般的境界，使驴听了大为惊异，驴惊叹道："你有那么丰富的见闻，那么传奇的经历，我连想都不敢想。"老马说，"其实，我们跨过的距离大体是相等的，当我向西域前进的时候，你一步也没停止，不同的是，我同玄奘大师有一个遥远的目标，按照始终如一的方向前进，所以我们打开了一个广阔的世界。而你被蒙住了眼睛，一生就围着磨盘打转，所以永远也走不出这个狭隘的天地。"

材料二：晋惠帝有个儿子，聪明懂事。孩子当太子后，却不爱读书，喜欢做买卖。他在宫里让人同他一起杀猪卖酒，竟锻炼到可以用手掂估肉的斤两，毫厘不差。这么好的营业员人才，偏偏去做储君，结果当得一塌糊涂，最后连小命也丢了。明朝的天启皇帝的爱好是盖房子。他亲自当木匠，操作斧锯凿削，活做得比正经木匠还好。他一天到晚都迷木工活，从不厌倦。当他干活起劲时，最烦有别的事儿分心。魏忠贤就抓住了他这个特点，专门等他干木匠活时进来奏事。天启一听，就赶紧打发说："你们去办吧，我知道了。"于是导致大权旁落，明朝政治、经济状态每况愈下。我们也还都知道，宋徽宗是个好画家，李后主是个好词人，可都当不好皇帝而做了亡国奴。

二、各职业图

三、传说中的中国各行业鼻祖

理发业—吕洞宾　裁缝业—轩裁氏　织布业—黄道婆　火腿业—宗泽　木匠业—鲁班
竹匠业—秦山　酿酒业—杜康　中医业—华佗　茶业—陆羽　染坊业—葛洪　豆业—牙毅
造纸业—蔡伦　铁匠业—李老君　中药行—李时珍　梨园业—唐明皇　评话—柳敬亭
风水业—刘伯温　制笔业—蒙恬　占卜业—鬼谷子

四、三十六行

中国有句俗话叫做“三百六十行，行行出状元”。据史料记载，唐代开始就有“三十六行”，包括了酒行、肉行、米行、茶行、柴行、纸行、巫行、海味行、鲜鱼行、酱料行、花果行、汤店行、药肆行、宫粉行、成衣行、珠宝行、首饰行、文房行、用具行、棺木行、针线行、丝绸行、仵作行、驿传行、铁器行、玉石行、顾秀行、扎作行、皮革行、网罟行、花纱行、杂耍行、鼓乐行、故旧行、彩兴行、陶土行。到了宋代，随着生产的发展，行业也逐渐增多。徐珂《清稗类钞·农商类》中说：“三十六行者，种种职业也。就其分工而约计之，曰三十六行；倍之，则为七十二行。”可见唐时的三十六行，至宋代已经增加为七十二行了。元朝时期，又把七十二行转记为一百二十行。如元关汉卿《金钱池》云：“想定一百二十行，门门都好着衣吃饭。”明代田汝成的《游览志余》就出现了“杭州三百六十行，各有市语也”的记载。

到了现代，社会的行业分工愈来愈细，与其相适应，便产生了更多的难以计数的种种行业。对于这些行业，即使是用“三百六十行”，也是远远不能概括的。因此，“七十二行”或“三百六十行”之说，是含有天下全部行业之意，是前人对各行业的统称，并非实指。

第十一章　认识专业

第一节　建筑工程施工专业

一、话说建筑

建筑是一种社会艺术的形式。——贝聿铭

就像每一个人都有自己的青春时代一样，每一个国家，每一座城市都有自己的“建筑时代”。——隈研吾（日本）

建筑是世界的年鉴，当歌曲和传说已经缄默，它依旧还在诉说。——果戈理（俄国）

这是古人居住的洞穴和草屋，也是最早的房屋建筑形式。亡者的陵寝，祭祀的圣地，帝王的宝殿，贵族的乐园，英雄已被浪淘尽，唯有它们还矗立于天地间，默默注视着这方世界……

埃及金字塔

帕特农神庙

罗马大斗兽场

太和殿

悉尼歌剧院

鸟巢

白宫

埃菲尔铁搭

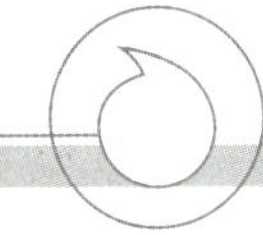

二、话说技术

建筑行业是一个古老的行业，也是一个不断走向创新的行业，建筑工程施工技术也历经了从古老到现代的发展过程。

夯土墙 是指用夯土方法修筑的墙。在公元前 16 世纪至公元前 11 世纪的殷商时代就有成熟的夯土技术。到汉代民居建筑使用夯土墙的更多，而且在夯土城墙中开始使用水平方向的木骨墙筋，称为“纴木”。这种做法上至汉长安城，下至南北朝、唐、宋，最晚到元代还在使用。福建土楼把中国传统的夯土施工技术推向了顶峰，现已正式列入世界遗产目录。

木结构 木材是一种取材容易，加工简便的结构材料。木结构自重较轻，木构件便于运输、装拆，能多次使用，故广泛地用于房屋建筑中，也还用于桥梁和塔架。

福建土楼

应县木塔

释迦塔，俗称应县木塔，塔高 67.31 米，底层直径 30.27 米，呈平面八角形。全塔耗材红松木料 3 000 立方米，2 600 多吨，纯木结构、无钉无铆。

砖结构 “秦砖汉瓦”说明人们对砖用作建筑材料的历史悠久。砖结构建筑有砖墓室、砖塔、砖城、砖拱桥、砖窑洞、砖砌无梁殿等。唐、宋以后砖结构建筑物明显增加，除修建了大量砖塔外，在南方一些城市还建造了许多砖甃城。及至明朝，砖的生产和使用更为普遍，不仅用砖砌筑宫殿府第，民间宅院也不少用砖建造。在明朝修建的长城的部分地段，也大量采用了砖城墙和砖砌筑的城关。

明长城

微派古民居

石结构 石材是被人类最早认识和利用的天然材料之一。石结构大体上可分为板式、梁柱式、隧洞式、拱券式、筒体式等。位于锦州市的笔架山三清阁是中国规模最大的石结构建筑。巴黎圣母院是一座典型的哥特式教堂，它的建造全部采用石材，其特点是高耸挺拔，辉煌壮丽，整个建筑庄严和谐。

三清阁

巴黎圣母院

钢筋混凝土结构 是指用配有钢筋增强的混凝土制成的结构。钢筋承受拉力，混凝土承受压力，具有坚固、耐久、防火性能好、比钢结构节省钢材和成本低等优点，是现代建筑的主要结构。

钢筋混凝土结构

钢结构 是指主要由钢制材料组成的结构，由型钢和钢板等制成的钢梁、钢柱、钢桁架等构件组成，各构件或部件之间通常采用焊缝、螺栓或铆钉连接。因其自重较轻，且施工简便，广泛应用于大型厂房、场馆、超高层等领域。吉隆坡石油双塔是吉隆坡的知名地标及象征。高452米，共地上88层，由美国建筑设计师西萨·佩里（Cesar Pelli）所设计的大楼表面大量使用了不锈钢与玻璃等材质。

钢结构

吉隆坡石油双塔

三、话说岗位

建筑工程施工专业中职毕业生主要面向建筑施工、建设监理和建设工程咨询行业相关企业与咨询服务单位，可以从事建筑工程施工工艺与安全管理、工程质量与材料检测和建筑工程监理等工作。主要岗位包括：施工员、安全员、质量员、资料员、材料员、预算员（造价员）、测量员、监理员等施工现场职业岗位群。

施工员主要工作内容是协助项目经理做好工程量复核、施工现场管理、隐蔽工程验收等工作，对现场施工的进度和成本负有重要责任。

安全员主要工作内容是监督施工规范做好工地安全检查、安全技术交底、安全记录和安全资料整理等工作。

质量员主要工作内容是对施工规范和工程质量进行监督、评估、验收，建立质量档案。

资料员主要工作内容是对公司文件、工程文件资料进行收集、整理、筛分、建档、归档工作的管理。

预算员主要工作内容是做好设计预算和施工预算管理、编制工作及对比工作。

测量员主要工作内容是对施工现场进行测量放线、验线工作。

监理员主要工作内容是做好施工现场监理工作并整理好监理档案。

四、话说发展

智能建筑指通过将建筑物的结构、系统、服务和管理根据用户的需求进行最优化组合，从而为用户提供一个高效、舒适、便利的人性化建筑环境。智能建筑是集现代科学技术之大成的产物。其技术基础主要由现代建筑技术、现代计算机技术、现代通讯技术和现代控制技术所组成。我国智能建筑行业处于快速发展期，随着技术的不断进步和市场领域的延伸，未来几年智能建筑市场前景仍然巨大。

绿色建筑 “绿色建筑”的“绿色”，并不是指一般意义的立体绿化、屋顶绿色建筑花园，而是指能充分利用环境自然资源，在不破坏环境基本生态平衡条件下建造的一种建筑，又称为可持续发展建筑、生态建筑、回归大自然建筑、节能环保建筑等。

装配式建筑 随着现代工业技术的发展，建造房屋可以像机器生产那样，成批成套地制造。只要把预制好的房屋构件，运到工地装配起来就成了。这种建筑建造速度快，而且生产成本较低，因此迅速在世界各地推广开来。

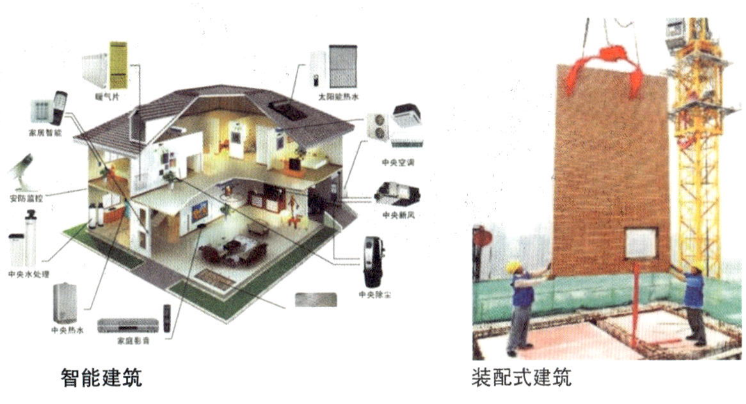

智能建筑　　装配式建筑

第二节　染整技术专业

一、话说染料

赤橙黄绿青蓝紫，谁持彩练当空舞？——毛泽东《菩萨蛮·大柏地》

绿兮衣兮，绿衣黄里——《邶风·绿衣》

青青子衿，悠悠我心——《郑风·子衿》

载玄载黄，我朱孔阳——《豳风·七月》

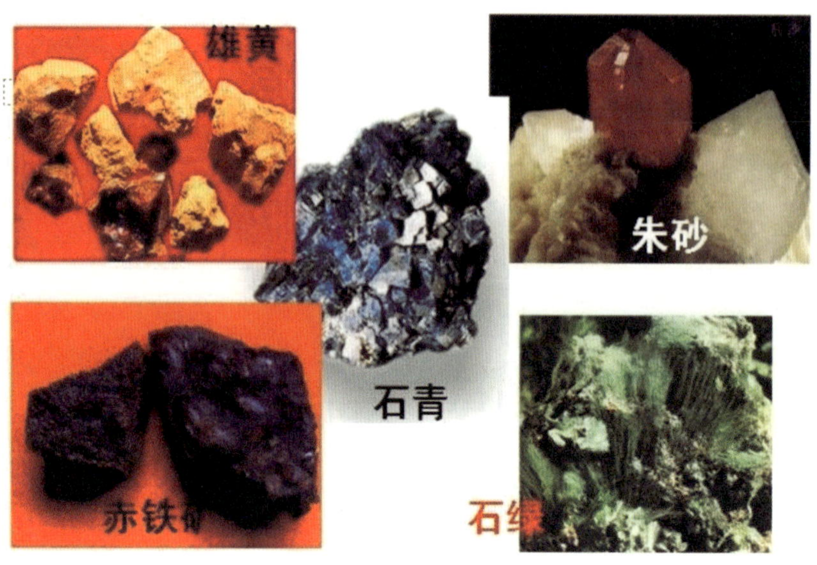

中国是最早应用染料的文明古国之一。早在几万年前的山顶洞人时代，我们的祖先已经用天然的赤铁矿粉涂染串珠贝和筋绳。到春秋战国时期，用赤铁矿粉染色的麻衣当时被称作“赭衣”。石黄用来染黄，石绿用来染绿，石青用来染蓝。

植物染料种类也很多，下图所示的是最常见的几种。

栀子：直接染料，《史记》中有“千亩卮茜”的记载，说明在秦汉时期已经盛行。栀子中主要成分是栀子苷，这是一种黄色素，可以直接染着于天然纤维上。

茜草：媒染植物染料，“茹藘在阪”就是《诗经》曾经描述的茜草种植的情况，“茹藘”就是茜草。茜根中含有呈红色茜素，它不能直接在纤维上着色，必须用媒染剂才可以生成不溶性色淀而固着于纤维上。古代所用媒染剂大多是含钙铝比较多的明矾（白矾），它和茜素会产生鲜亮绯红的色淀，具有良好的耐洗性。

蓝草：天然还原氧化染料，《诗经·小雅·采绿》有“终朝采蓝，不盈一襜”这样的诗句。蓝草中含有靛苷，经水浸渍以后可以染着织物，再经空气氧化成蓝色的靛蓝。“青，取之于蓝而青于蓝”（《荀子·劝学篇》）的说法就描述了这一现象。

红花：直接染料，含有叫红花苷的红色素和一种黄色素，红花苷可用碱液从红花里浸出，再加酸就呈带有荧光的红色。

紫草：《尔雅》中的“藐茈”就是指紫草，紫草根中含有紫草素，是古代染紫色用的。

柞树：又称栎树、橡树，媒染植物染料，在《诗经》中称作“朴樕”，含有焦棓酚单宁质。单宁质直接用来染织物呈淡黄色，但是和铁盐作用呈黑色。《荀子·劝学篇》中所说的“白沙在涅，与之俱黑”，涅就是硫酸亚铁（古时又称青矾、绿矾、皂矾），用单宁染过的织物再用青矾媒染，就会“与之俱黑”。

1857年，英国人伯琴（W. H. Perkin）将其发明的苯胺紫染料投入工业化，这是第一个人工合成染料，也使有机化学分出了一门新学科——染料化学。1956年，英国的ICI公司推出第一类活性染料，这类染料能与纤维素纤维等产生共价键的化学结合，被称作“反应型”染料，一经问世就引起了印染界的广泛重视，被视为染料发展史上的第二个里程碑。活性染料虽然问世较晚，但由于其具有品种多样、色谱齐全、应用方便、匀染性较好、染色牢度高、应用范围广等显著特点，目前已成为染厂选用的主要染料，尤其被大量用于棉织物染色。

合成染料的优点是品种多、色谱齐全、工艺方便、色牢度高、价格较低；缺点是污染严重、对人体有伤害、成本高。广泛应用于纺织印染、造纸、塑料、皮革、橡胶、涂料、油墨、化妆品、感光材料等领域。

天然染料的优点是易生物降解、危害较小、产品安全；缺点是纯度低、提取困难、性能不稳定、成本高。适于开发高附加值的绿色生态纺织品。

二、话说技术

我国染色术的起源至少在公元前三千年。到了奴隶社会，生产分工精细，专门设有官职“掌染草，掌以春秋敛染草之物，以权量受之，以待时而颁之”；并且有“染人掌染丝帛”（《周礼》）的记载。高贵的丝和丝织物在染色以前，还要经过“暴练”处理（相当于现今的精炼工艺）。在《考工记·㡛氏》中曾经记述“暴练”的操作工艺：先是“以涚水沤其丝七日，去地尺暴之”，而后“昼暴诸日，夜宿诸井”，共“七日七夜”。对于丝织物，因为它比丝线紧密，暴练的时候要“以栏为灰，渥淳其帛”，再“实诸泽器，淫之以蜃”，同样反覆处理七昼夜。涚水和栏（liàn）灰都是富含碱性的植物灰汁（碳酸钾等），栏灰就是楝木烧成的灰，而蜃是用贝壳煅烧出来的碱性更强的生石灰（氧化钙）。丝线和丝织物经过反覆碱性灰汁或灰处理以后，就把纤维外面的大部分丝胶除去，有利于染色。织物染前的预处理——“暴练”大都在春季进行（“春暴练”），以后便开始了大规模的“夏纁玄，秋染夏”（“夏”的意思是五色）的染色生产活动。至1834年法国的佩罗印花机发明以前，我国一直拥有世界上最发达的手工印染技术。蜡染、绞缬、夹缬并称为我国三大印花技艺。2005年，浙南夹缬被列入浙江省非物质文化遗产保护名录，就在温州市苍南县一座不足100平方米的民间小作坊里，至今仍断断续续地保持着这种最古老的织染工艺。

现代染整技术主要包括预处理、染色、印花、后整理等程序。预处理亦称练漂，其主要目的在于去除纺织材料上的杂质，使后续的染色、印花、整理加工得以顺利进行，获得预期的加工效果。染色是通过染料和纤维发生物理的或化学的结合而使纺织材料具有一定的颜色。印花是用色浆在纺织物上获得彩色花纹图案。整理是通过物理作用或使用化学药剂改进织物的光泽、形态等外观；提高织物的服用性能或使织物具有拒水、拒油等特性。

古代印染工艺

现代染整技术

三、话说岗位

染整技术专业中职毕业生主要面向印染、化工企业，从事染色印花打样、印染车间工艺控制、印染生产管理、纺织品染整跟单、染化料及纺织品性能检测等工作。

岗位：印染车间工艺操作员、染整打样员、印花描稿员、染化料及纺织品性能检验员、染整印花跟单员、新型染整技术操作员。

印染车间工艺操作员的职责是根据染整工艺对染整生产过程中的关键工序如纺织品前处理、染色、印花、后整理等大型设备进行有效的控制和操作。

染整打样员的职责是根据客户来样分析织物，制定小样染色工艺，按照染色工艺要求染出与客户来样颜色一致的小样，确定染色工艺处方，为接单和车间生产做好技术准备。

印花描稿员的职责是根据客户来样和印花工艺要求使用相关软件对花样进行分色处理，制作分色电子文件。

染化料及纺织品性能检验员的职责是根据纺织品相应的质量标准，操作相应的设备仪器进行检验，对不同批次不同供应商提供的染料助剂性能进行检测，负责对印染用水的质量检测。

染整印花跟单员的职责是根据纺织品分类及纺织品染整印花加工各道工序工艺对产品的内在和外在质量进行监督，督促生产计划的执行，进行内销外销单的出货安排。

新型染整技术操作员是操作数码印花机，染化料自动配置系统及自动滴液系统，了解相关新型印染技术的一线操作工人。

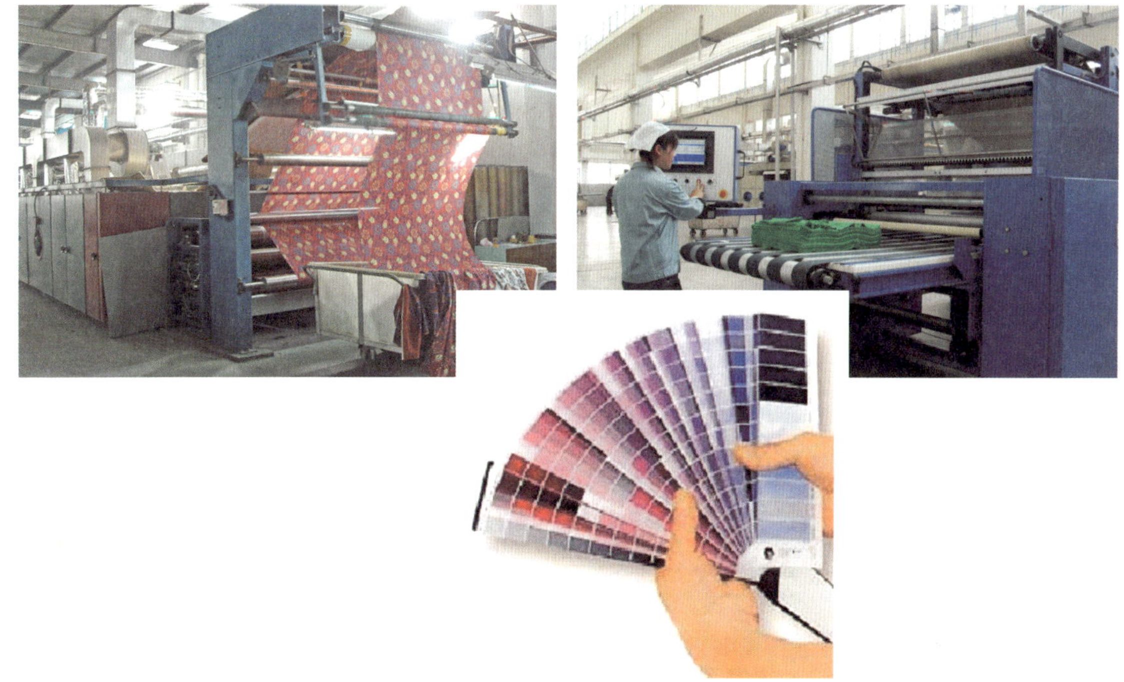

四、话说发展

数码喷墨印花技术 是通过对染液施加外力，使染液通过喷嘴喷到织物上形成一个个色点的技术。这种全新的印花方式摒弃了传统印花需要制版的复杂环节，直接在织物上喷印，提高了印花的精度，实现了小批量、多品种、多花色印花，而且解决了传统印花占地面积大、污染严重等问题，因此具有广阔的发展前景。

生物酶技术 是以生物酶作为催化剂，主要用于棉织物的退浆和蚕丝的脱胶的技术。生物酶是一种无毒、对环境友好的生物催化剂，其化学本质为蛋白质。目前，生物酶技术在纺织染整的各领域得到广泛应用，酶处理工艺已被公认为是一种符合环保要求的绿色生产工艺，它不仅使纺织品的性能得到改善和提高，又因无毒无害，用量少，可生物降解废水，无污染而有利于生态环保的保护。

第三节　汽车运用与维修专业

一、话说汽车

装备轻便动力、自行推进的轮式道路车辆——汽车，其发展有一个漫长的过程。经100多年来的不断改进、创新，汽车工业凝聚了人类的智慧和匠心，并得益于石油、钢铁、铝、化工、塑料、机械设备、电力、道路网、电子技术与金融等多种行业的支撑。同时，汽车工业也带动了这些行业的发展。最终，汽车成为今日这样具有多种型式、不同规格，广泛用于社会经济生活多种领域的交通运输工具。

法国人N·J·居纽制造了世界上第一辆蒸汽驱动的三轮汽车。这辆汽车被命名为“卡布奥雷”。

德国人卡尔·本茨制造了世界上第一辆内燃机汽车。他向德国专利局申请专利的日子

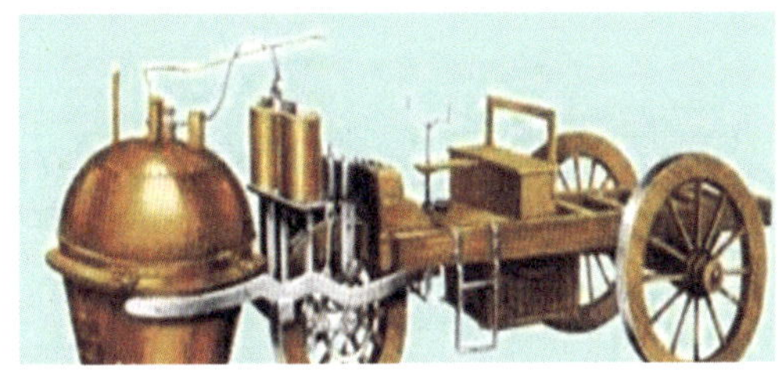

第一辆蒸汽驱动三轮车

第一辆内燃机汽机汽车

（1886 年 1 月 29 日），被公认为是世界汽车的诞生日。德国人哥特里布·戴姆勒发明了第一辆四轮汽车。本茨和戴姆勒是人们公认的以内燃机为动力的现代汽车的发明者，他们的发明创造，成为汽车发展史上最重要的里程碑，他们两人因此被世人尊称为“汽车之父”。

卡尔·本茨

哥特里布·戴姆勒

第一辆四轮汽车

1896 年福特试制出第一台汽车。1903 年建立福特汽车公司，开始汽车历史上首次大批量生产。

福特T型车

亨利·福特

汽车的发展经历了蒸汽汽车的诞生、内燃机汽车、汽车量产化、汽车产品多样化和汽车产品低价格时期，目前汽车工业已经实现全球化。

二、话说技术

汽车维修就是对出现故障的汽车通过技术手段排查，找出故障原因，并采取一定措施使其排除故障并恢复达到一定的性能和安全标准。汽车维修包括汽车大修和汽车小修，汽车大修是指用修理或更换汽车任何零部件（包括基础件）的方法，恢复汽车的完好技术状况和完全（或接近完全）恢复汽车寿命的恢复性修理。而汽车小修是指用更换或修理个别零件的方法，保证或恢复汽车工作能力的运行性修理。

汽车维修设备一般可以分为：汽车诊断设备、检测分析设备、养护清洗设备、钣金烤漆设备、轮胎设备、机械设备、保养用品、维修工具等。

烤漆房

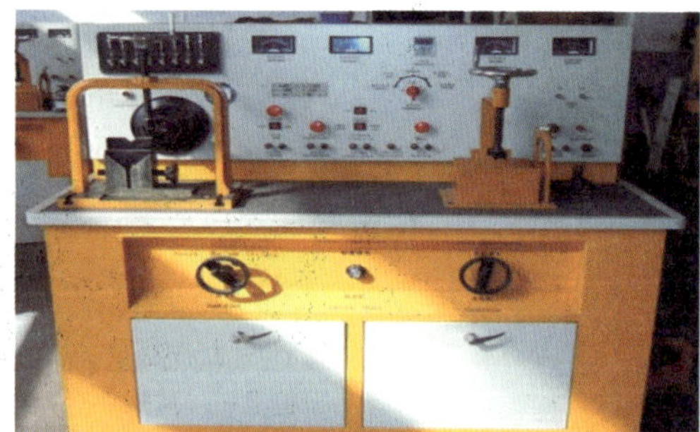

汽车电器试验台

汽车双柱举升机

充氮机

三、话说岗位

中职汽车维修与运用专业培养适应现代汽车行业发展，掌握发动机维修保养，底盘维修保养，汽车电器维修保养，汽车电子控制系统维修养，常见保养维修项目技能型专业人才。学生毕业后可到汽车 4S 店、汽车维修企业、保险公司、二手车公司、汽车美容装饰企业等单位工作；也可以逐步自主创业，从最简单的个体户做起，如轮胎维修、汽车清洁等，逐步扩大规模与档次。

岗位：汽车维修工、汽车钣金工、汽车漆工、汽车美容工。

汽车维修工主要从事汽车维护、保养、组装、改装、维修等一类的工作。

汽车钣金工主要负责车辆钣金修理工作的技术工种，对汽车金属外壳变形部分进行维修，属于冷加工。

汽车漆工主要从事汽车油漆喷涂工作。

汽车美容工主要从事汽车内外部装饰工作。

汽车维修工

汽车钣金工

汽车漆工

汽车美容工

四、话说发展

1. 诊断维修智能化

科学技术的发展，进一步推动了汽车工业的进步，汽车的设计制造水平和性能越来越高，电子化、智能化、网络化等技术已被广泛用到汽车上，如汽车智能交通系统（ITS）、电控防滑转向系统（ASR）、电控燃油喷射系统（EN）、防抱死系统（ABS）、电控自动变速器（ECT）、安全气囊系统（SRS）等，这使得传统的眼看、耳听、手摸等凭经验的方法难以适应现代汽车技术发展的需要，必须使用诸如四轮定信位仪、解码器、扫描仪、汽车专用示波器、汽车专用电表、发动机分析仪、尾气测试仪、电脑动平衡机等辅助性的电子检测设备，才能完成修理任务。而且由于现在汽车的新品牌、新装备、新功能层出不穷，没有一个维修人员能够将数千种车型的维修资料、数据、程序记忆在大脑中，必要时还可以通过网络，实时让专家集体会诊，查明故障原因。

2. 汽车修理维护化

随着现代汽车技术的进步，汽车的免解体维护技术正在取代传统的大拆大修的强制式解体维护技术。工业发达国家已在汽车维修保养领域广泛应用最新的科研成果和先进技术，执行的是“不解体维修、运行中保养，全寿命使用”的准则，普遍推行一种“不解体清洗，全寿命使用”的汽车维护保养新方式，通过使用免解体养护产品，在不解体的情况下迅速解决原先需要解体维修的汽车。如发动机起动困难、加速不畅、怠速不稳、缺火、失速、过热、动力下降以及水温过高等现象，均可以通过结合车辆的定期养护，合理使用免解体维护产品，保护和恢复发动机和汽车的性能。定期使用清洁剂对汽车的各部总成机构进行定期的维护，并合理使用各种新车磨合、修复和内部清洁的添加剂。

第四节　园林技术专业

一、话说园林

在一定的地段范围内，利用并改造天然山水地貌或者人为地开辟山水地貌、结合植物的栽植和建筑的布置，从而构成一个供人们观赏、游憩、居住的环境，这就是园林。由于各民族、各地区人们对风景的不同理解和偏爱，也就出现了不同风格的园林。归结起来，世界上的园林可分为三个系统——中国园林、西亚园林和欧洲园林。

中国园林取材于自然，高于自然，追求“天人合一”的理想境界，具有高雅的文化意境。我国地域广大，东西南北的气候地理条件及物产各不相同，因而园林也常常表现出较明显的地方特性。总结起来，我国南方江南地区、广东沿海地区和四川一带的园林各具特色，于是便有了所谓江南园林、岭南园林和蜀中园林的称谓。而北京四周及山东、山西、陕西等地的园林风格较为相像，便统称为北方园林。

北京颐和园

成都武侯祠

苏州拙政园

佛山梁园

西亚园林的特点是用纵横轴线把平地分作四块，形成方形的“田字”，在十字林荫路交叉处设中心喷水池，中心水池的水通过十字水渠来灌溉周围的植株。这样的布局是由于西亚的气候干燥，干旱与沙漠的环境使人们只能在自己的庭院里经营一小块绿洲。在古代西亚的园林中，那个交叉处的中心喷水池就象征着天堂，后来水的作用又得到不断的发挥，由单一的中心水池演变为各种明渠暗沟与喷泉，这种水法的运用后来深刻地影响了欧洲各国的园林。

后人想象中的古巴比伦空中花园

西亚园林

欧洲园林是以古埃及和古希腊园林为渊源，以法国古典主义园林和英国风景式园林为优秀代表，以规则式和自然式园林构图为造园流派，分别追求人工美和自然美的情趣，艺术造诣精湛独到，为西方世界喜闻乐见。

意大利台地园林

法国凡尔赛花园

二、话说技术

园林植物栽植技术就是按照园林设计要求，根据园林植物生长发育的规律和生态环境条件，将苗木移栽定植在园林绿地中的技术。园林植物绿化效益发挥的前提，必须依赖于植物的成活。只有通过精细栽植，才会保证成活，减少养护成本。

园林植物的栽植分定植、假植。定植是根据设计要求，对树木进行定位栽植的行为。定植后的树木，一般在较长时间内不再被移植。苗木挖起后，如不能及时运出，或运到栽种地点后不能及时种植，就必须开挖一条沟，将苗木逐株挨紧放在沟里，根部盖上土并捣实，这就叫假植。草本园林植物、水生园林植物、木本园林植物的栽植技术要点各不相同。

定植

假植

三、话说岗位

中职园林技术专业主要培养能在园林绿化相关企事业单位和管理部门从事苗木生产与销售、绿化工程施工、绿地养护管理、绿化工程施工预算和资料管理等相关工作，达到相关中级工水平的具有吃苦耐劳精神、职业素养和创业意识的生产与管理第一线的技术操作工人。毕业生可以到苗圃、花木场、花木公司、花木交易市场等从事绿化苗木的生产与管理和销售工作；可以到园林绿化公司从事绿化工程施工、绿地养护、绿化工程预算和资料管理等工作；可以到园林管局、小区物业管理部门、公路绿化管理站、公园、风景名胜处等从事绿地养护与管理；可以逐步自主创业，承包土地栽培和销售绿化苗木；可以专门化从事苗木销售；可以个体或团队承包绿化养护工程；可以进一步向园林绿化设计方向发展和旁通到园林工程中的其他项目。

园林育苗工：培育苗木和管理苗圃。

苗木经纪人：推销绿化苗木。

园林绿化施工员：组织人员对园林绿化工程进行现场种植。

园林绿化养护员：养护管理好园林绿地上的树木花草。

预算员：对中标的绿化项目在开工前根据施工图预算出从开工到竣工验收需要投入的总费用。

资料员：做好绿化工程资料的收集、整理、立卷、归档和保管工作。

四、话说发展

1. 无土栽培技术

无土栽培技术，指不用天然土壤而用基质或仅育苗时用基质，在定植以后用营养液进行灌溉的栽培方法。由于无土栽培可人工创造良好的根际环境以取代土壤环境，有效防止土壤连作病害及土壤盐分积累造成的生理障碍，充分满足作物对矿质营养、水分、气体等环境条件的需要，栽培用的基本材料又可以循环利用，因此具有省水、省肥、省工、高产优质等特点。无土栽培中营养液成分易于控制。而且可以随时调节，在光照、温度适宜而没有土壤的地方，如沙漠、海滩、荒岛，只要有一定量的淡水供应，便可进行。

2. 3S 集成技术

随着科学技术的发展,许多现代技术手段渗透进了风景园林这个多学科交叉的传统学科，无论在分析方法、设计方法、管理方法、施工技术等方面都发生着根本性的变化，其中“3S”遥感技术（RS）、地理信息系统（GIS）和全球定位系统（GPS）及“3S”的集成技术的应用和参与使风景园林的外延扩大且得到升化，其中最典型的是所涉及的地理范围更大,规划的层次提高,设计方法更系统化、数据化和理性化。

无土栽培技术

第五节　数控技术应用专业

一、话说数控

数控是数字控制的简称，英文为 Numerical Control，简称 NC。数控是指用数字、文字和符号组成的数字指令来实现一台或多台机械设备动作控制的技术。

1948 年，美国帕森斯公司接受美国空军委托，研制直升飞机螺旋桨叶片轮廓检验用样板的加工设备。由于样板形状复杂多样，精度要求高，一般加工设备难以适应，于是提出采用数字脉冲控制机床的设想。1949 年，该公司与美国麻省理工学院（MIT）开始共同研究，并 1952 年试制成功第一台三坐标数控铣床，当时的数控装置采用电子管元件。

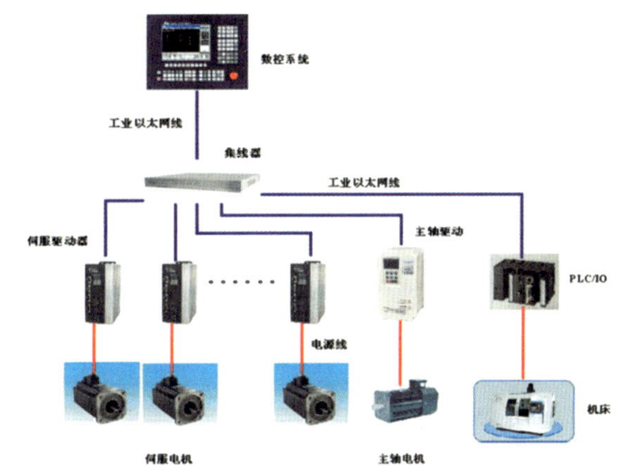

1959 年，数控装置采用了晶体管元件和印刷电路板，出现带自动换刀装置的数控机床，称为加工中心（MC，Machining Center），使数控装置进入了第二代。

1965 年，出现了第三代的集成电路数控装置，不仅体积小，功率消耗少，且可靠性提高，价格进一步下降，促进了数控机床品种和产量的发展。

20 世纪 60 年代末，先后出现了由一台计算机直接控制多台机床的直接数控系统（简称 DNC），又称群控系统；采用小型计算机控制的计算机数控系统（简称CNC），使数控装置进入了以小型计算机化为特征的第四代。

1974 年，研制成功使用微处理器和半导体存贮器的微型计算机数控装置（简称 MNC），这是第五代数控系统。

20 世纪 80 年代初，随着计算机软、硬件技术的发展，出现了能进行人机对话式自动编制程序的数控装置；数控装置愈趋小型化，可以直接安装在机床上；数控机床的自动化程度进一步提高，具有自动监控刀具破损和自动检测工件等功能。

20 世纪 90 年代后期，出现了 PC+CNC 智能数控系统，即以 PC 机为控制系统的硬件部分，在 PC 机上安装 NC 软件系统，此种方式系统维护方便，易于实现网络化制造。

二、话说技术

数控技术是用计算机按事先存贮的控制程序来执行对设备的控制功能的技术。数控装备是以数控技术为代表的新技术对传统制造产业和新兴制造业的渗透形成的机电一体化产品，其技术涉及多个领域：（1）机械制造技术；（2）信息处理、加工、传输技术；（3）自动控制技术；（4）伺服驱动技术；（5）传感器技术；（6）软件技术等。

数控技术及装备是发展新兴高新技术产业和尖端工业的使能技术和最基本的装备。世界各国信息产业、生物产业、航空、航天等国防工业广泛采用数控技术，以提高制造能力和水平，提高对市场的适应能力和竞争能力。工业发达国家还将数控技术及数控装备列为国家的战略物资，不仅大力发展自己的数控技术及其产业，而且在“高精尖”数控关键技术和装备方面对我国实行封锁和限制政策。因此大力发展以数控技术为核心的先进制造技术已成为世界各发达国家加速经济发展、提高综合国力和国家地位的重要途径。

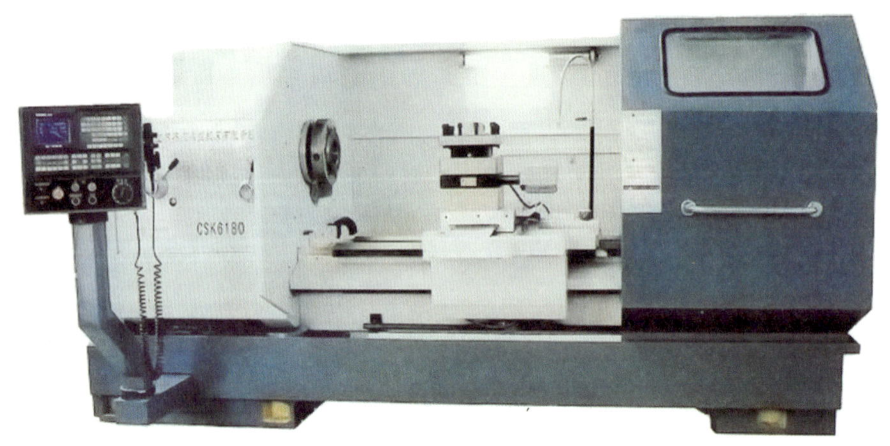

三、话说岗位

中职数控技术专业毕业生主要面向机械、模具、电子、电气、轻工等行业，可从事产品设计与加工、数控编程、数控机床操作、数控常用CAM软件多轴加工、数控设备调试与维修等相关工作。

数控车床操作工：能够操作数控车床，进行工件车削加工。

数控车床编程员：能够熟练运用编程软件，生成数控加工程序。

数控车床维修工：能够对数控机床进行保养、安装和调试，对数控机床的故障现象进行检查、分析，确认故障的原因，完成对数控机床的维护和维修。

四、话说发展

数控技术的应用不但给传统制造业带来了革命性的变化，使制造业成为工业化的象征，而且随着其不断发展和应用领域的扩大，数控技术对国际民生的一些重要行业如国防、汽车等的发展起着越来越重要的作用。这些行业装备数字化已是现代工业发展的大趋势，如：桥式三、五坐标高速数控龙门铣床、龙门移动式五坐标 AC 摆角数控龙门铣床、龙门移动式三坐标数控龙门铣床等的广泛应用。

1. 高速化发展

随着数控系统核心处理器性能的进步，目前高速加工中心进给速度最高可达 80 m/min，空运行速度可达 100 m/min 左右。世界上许多汽车厂，包括我国的上海通用汽车公司，已经采用以高速加工中心组成的生产线部分替代组合机床。美国 CINCINNATI 公司的 HyperMach 机床进给速度最大达 60 m/min，快速为 100 m/min，加速度达 2g，主轴转速已达 60 000 r/min。加工一薄壁飞机零件，只用 30 min，而同样的零件在一般高速铣床加工需 3 小时，在普通铣床加工需 8 小时。

2. 精密化发展

随着伺服控制技术和传感器技术的进步，在数控系统的控制下，机床可以执行亚微米级的精确运动。在加工精度方面，普通级数控机床的加工精度已由 10 μm 提高到 5 μm，精密级加工中心则从 3~5 μm，提高到 1~1.5 μm，并且超精密加工精度已开始进入纳米级（0.01 μm）。

3. 开放化发展

由于计算机硬件的标准化和模块化，以及软件模块化，开放化技术的日益成熟，数控技术开始进入开放化的阶段。开放式数控系统有更好的通用性、柔性、适应性、扩展性。美国、欧盟和日本等国家和地区纷纷实施战略发展计划，并进行开放式体系结构数控系统规范（OMAC、OSACA、OSEC）的研究和制定，世界 3 个最大的经济体在短期内进行了几乎相同的科学计划和技术规范的制定，预示了数控技术的一个新的变革时期的来临。我国在 2000 年也开始进行中国的 ONC 数控系统的规范框架的研究和制定。

第六节　物联网技术及应用专业

一、话说物联网

物联网指通过信息传感设备，按照约定的协议，把任何物品与互联网连接起来，进行信息交换和通信，以实现智能化识别、定位、跟踪、监控和管理的一种网络。它是在互联网基础上延伸和扩展的网络。物联网的概念有狭义和广义之分。狭义物联网即“联物”，基于物与物间通信，实现“万物网络化”。广义物联网即“融物”，是物理世界与信息世界的完整融合，形成现实环境的完全信息化，实现“网络泛在化”，并因此改变人类对物理环境的理解和交互方式。

1999 年，美国麻省理工学院（MIT）自动识别中心（Auto-ID Labs）提出网络化无线射频识别（RFID）系统，利用信息传感设备将物品与互联网连接起来，实现智能化识别和管理。

2005年，国际电信联盟（ITU）在突尼斯举行的信息社会世界峰会（WSIS）上提出“物联网（IOT）”的概念，并发布《ITU互联网报告 2005：物联网》。自此，物联网正式走入人们的视野。

2009 年 6 月 18 日，欧盟执委会发表《物联网：欧洲行动计划》，系统提出发展物联网的规划和行动蓝图。2009 年 8 月 7 日，温家宝总理视察无锡，提出“感知中国”计划，拉开中国物联网发展的帷幕。

二、话说技术

1. USN架构

物联网感知环节的异构特性决定了它的开放、分层和可扩展的网络体系结构。研究人员在描述物联网的体系框架时，多采用国际电信联盟 ITU-T 的泛在感应器网络体系结构作为基础。该体系结构自下而上分为 5 个层次，分别为传感器网络层、泛在传感器网络接入层、骨干网络层、网络中间件层和 USN 网络应用层。

2. M2M架构

除了国际电信联盟以外，其他的国际标准化组织也从不同的侧面对物联网的结构有所涉及和研究。比如欧洲电信标准化协会 M2M 技术委员会给出的简单 M2M 架构，就是 USN 的一个简化版本。在这个架构当中，从左至右网络就分为了应用层、网络层和感知层三层体系结构，与物联网结构相对应。在每一层当中，都有不同的技术标准来定义物联网应用。比如在感知层，它就包括了 IEEE 的 Zigbee 标准 802.15.4，CeneLec 的智能仪表标准。在网络层，有 ETSI 的 M2M 通信标准，Cen的智能仪表网络层标准协议。应用层有 Zigbee 联盟协议，W3C 标准协议，等等。

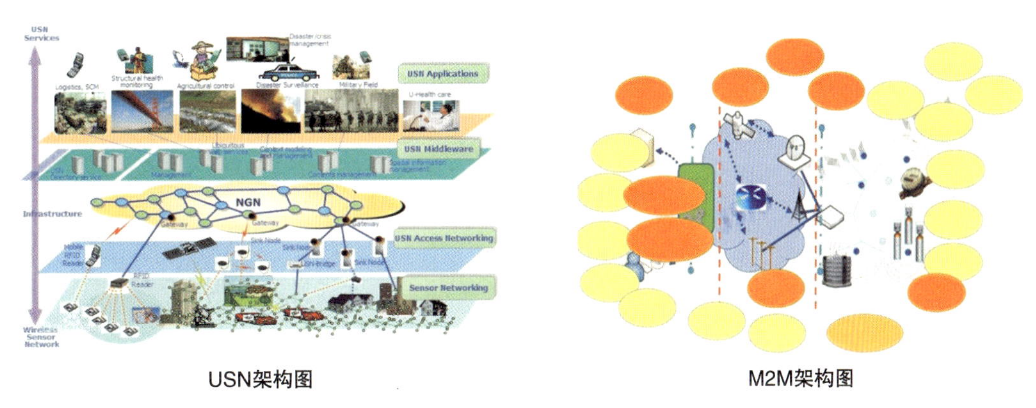

USN架构图　　　　M2M架构图

三、话说岗位

1. 物联网系统集成、测试工

负责将系统的软件、硬件和传感装置集成在一起，进行调试，发现并改进单元设计过程中的错误；负责无线网络与移动设备的构建、组网等工作。

2. 物联网系统销售、技术支持工

负责建立客户关系，能根据客户的需求，为客户推荐其感兴趣的产品，突出产品优势；根据客户需求进行物联网相关产品的配置、安装；负责物联网系统的日常和维护，进行一些基本的故障维修；负责传感器的采购、售前、售后维护等技术工作；负责物联网应用系统硬件和软件的日常维护工作。

四、话说发展

物联网技术应用越来越广泛，今后将在下列领域发挥更大的作用。

1. Pachube：实时网络服务平台

Pachube 的最大贡献是通过提供基于互联网的网络服务平台，在业务上将感知层和应

用层逻辑分离开来；Pachube 为 IOT 感知设备和网络应用提供了统一的网络开发接口；2011 年Pachube 被云服务提供商 LogMeIn 收购；目前较为典型的商业应用是与 CurrentCost 合作，形成一套完整的家用电力能源感知、采集、监测、分析和决策方案。

2. ArcGIS：专业地理信息处理引擎

地理信息系统（GIS，Geographic Information System）是以采集、存储、管理、分析、描述和应用整个或部分地球表面（包括大气层在内）与空间和地理分布有关数据的计算机系统。ArcGIS 作为专业的地理信息系统，不仅能够提供地图可视化查询和定位，更能够通过空间分析，寻找到不同的地理因素之间的内在联系，从而帮助决策者在更加全面、系统地把握信息的基础上进行科学的决策。随着感知数据类型和容量的快速增长，ArcGIS 在专业地理信息处理方面的优势逐步显现，成为物联网应用不可或缺的一部分。

3. 物联网在普通家庭中的应用

（1）Nike+智能运动鞋：通过嵌入鞋内的感知设备采集跑步数据；通过 iPod 接收、存储并转发数据；通过 Nike+网站备份、分析数据，设置目标，并能够与朋友分享成绩。

（2）XBox360 Kinect：利用 3D 体感摄像技术捕捉玩家动作；通过相应游戏软件达到健身目的。

（3）智能电器：惠而浦的智能家电计划将推出可联网的电器，包括冰箱、洗碗机、洗衣机和烘干机，以实现真正意义上的智能电器。

4. 物联网在工业领域中的应用

（1）仓储管理：目前 RFID 技术正在为供应链领域带来一场巨大的变革，以识别距离远、快速、不易损坏、容量大等条码无法比拟的优势，简化繁杂的工作流程，有效改善供应链的效率和透明度。托盘是供应链中最基础也是最主要的货物单元，它已经广泛应用于生产、仓储、物流、零售等各个供应链环节。

（2）智能运输：用 RFID 技术实现集装箱的智能化管理。

5. 物联网在日常生活中的其他应用

（1）安全管理：采用先进的 RFID 射频识别技术，对进出单位大门、危险区域的人员和车辆实现自动读卡识别。

（2）高速公路ETC车道：高速公路应用联网电子不停车收费技术。

（3）环境保护：在重点排污企业排污区域安装无线传感设备，可以实时监测企业排污数据，及时发现污染源，防止突发性环境污染事故的产生。

第七节　酒店服务与管理专业

一、话说酒店

酒店的雏形——客栈，大约在古希腊和罗马时代就已存在了。酒店（Hotel）一词原为法语，指的是法国贵族在乡下招待贵宾的别墅。后来，欧美的酒店业沿用了这一名词。我国是世界上最早出现宾馆、酒店的国家之一。殷商时代的驿站，就是我国最早的外出住宿设施。酒店业从最早的驿站、客栈、旅店到现代化的大酒店、国际连锁酒店公司，大体经历了四个发展时期。20 世纪近几十年来，酒店业才成为一种现代的产业。

明代驿站

龙门客栈

老北京六国饭店

天津利顺德饭店

北京长城饭店

广州白天鹅宾馆

迪拜帆船酒店

香港洲际酒店

二、话说技能

1. 餐饮服务技能

掌握酒店餐饮服务与管理知识；有较强的语言表达能力和思辨能力；具有胜任餐饮服务和餐饮部基层管理的能力。

2. 客房服务技能

掌握酒店客房服务与管理知识；能用英语进行接待服务和业务沟通；具有胜任客房服务和客房部基层管理的能力。

3. 前厅服务技能

掌握酒店前厅服务与管理知识；有较强的语言表达能力和思辨能力；能用英语进行接待服务和业务沟通；具有胜任前厅服务和前厅部基层管理的能力。

三、话说岗位

1. 餐厅服务员

按照标准做好摆台、迎客、点餐、酒水服务、收台等流程工作，为客人用餐提供服务。

2. 客房服务员

按照标准要求负责清扫整理客房和楼层相关区域，整理清扫客房，补充客人所需的各类物品，记录住房、查房、退房时间、客用消耗品、维修情况，对清扫车、清洁工具设备进行清洁与保养，负责本区域的安全工作。

3. 前厅服务员

负责推销酒店产品与服务，组织接待业务、调度综合性服务。代表酒店向客人提供客房销售、入住登记及账务处理等各项服务。

四、话说发展

全球化趋势；集团化趋势；信息化趋势；品牌化趋势；专业化趋势；生态化趋势；多元化趋势。

第八节　电气运行与控制专业

一、话说电

电是怎么产生的？一是大自然“自然”产生的，譬如雷电，还有静电。二是人工产生的，如各种发电、储电装置。

雷电现象

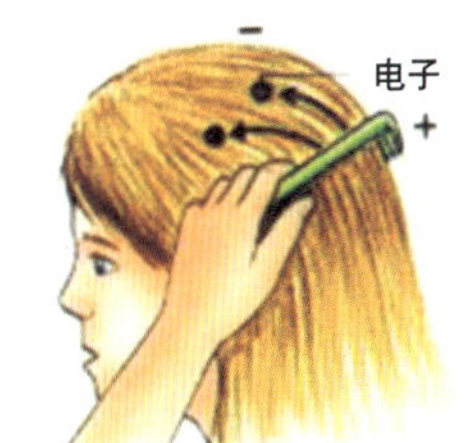

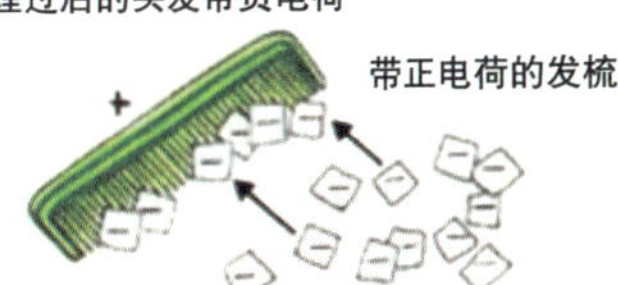

静电现象

太阳能发电厂

水力发电厂

火力发电厂

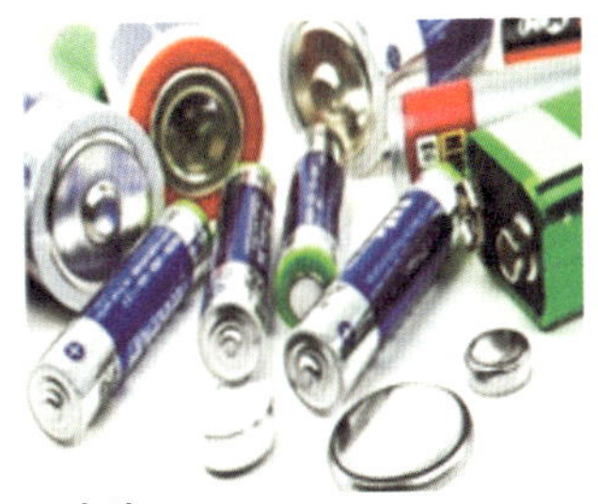

干电池

蓄电池

手机锂电池

现代人类生活，尤其是都市里的人类生活，都离不开电。

电力机床就是利用电动机带动机械设备，完成各种加工任务。

电动车就是利用电机驱动，完成交通运输任务，有高速火车、电动汽车、电动三轮车、电动两轮车、电动独轮车。

电视机　手机

电力机床　电动车

二、话说技术

电气运行与控制是指发电厂、变电站、电力系统、各种电气设备运行使用工程中（在电能的发、供、配、用），运行值班人员（含系统调度员）对发供电器设备进行监视、控制、操作和调节，使发供电设备正常运行的技术，同时，它对设备运行状态进行分析，在出现异常状态及事故情况下，及时进行处理，以保证发电厂、变电站和电力系统的安全、稳定、优质、经济运行。

三、话说岗位

电气运行与控制专业的中职毕业生主要面向各企事业单位从事电气设备安装、调试、运行、维护、生产等一线操作工作和电力工程监理等相关工作。

1. 工业电气技术方向

电气设备运行管理与维修、高低压电器装配等岗位。

2. 变配电技术方向

变配电设备安装与调试、变配电室值班、变配电设备试验与维修、配电线路安装与维修等岗位。

四、话说发展

电力设备向自动化、柔性化、信息化、智能化方向发展，要求电气运行与控制专业人才掌握更多的自动化控制技术。

第九节　焊接技术应用专业

一、话说焊接

焊接就是高温或高压条件下，使用焊接材料（焊条或焊丝）将两块或两块以上的母材（待焊接的工件）连接成一个整体的操作方法。

焊接技术是随着金属的应用而出现的，古代的焊接方法主要是是铸焊、钎焊和锻焊。下图就是我国古代的铸焊工艺品。

商代的四羊尊

春秋时期的联鹤方壶

中国商朝制造的铁刃铜钺，就是铁与铜的铸焊件，其表面铜与铁的熔合线蜿蜒曲折，接合良好。春秋战国时期曾侯乙墓中的建鼓铜座上有许多盘龙，是分段钎焊连接而成的。经分析，所用的与现代软钎料成分相近。

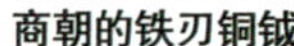
商朝的铁刃铜钺

曾侯乙墓中的建鼓铜座

战国时期制造的刀剑，刀刃为钢，刀背为熟铁，一般是经过加热锻焊而成的。据明朝宋应星所著《天工开物》一书记载：中国古代将铜和铁一起入炉加热，经锻打制造刀、斧；用黄泥或筛细的陈久壁土撒在接口上，分段煅焊大型船锚。中世纪，在叙利亚的大马士革也曾用锻焊制造兵器。

古代焊接技术长期停留在铸焊、锻焊和钎焊的水平上，使用的热源都是炉火，温度低、能量不集中，无法用于大截面、长焊缝工件的焊接，只能用以制作装饰品、简单的工具和武器。

19 世纪初，英国的戴维斯发现电弧和氧乙炔焰这两种能局部熔化金属的高温热源；1885—1887 年,俄国的别纳尔多斯发明碳极电弧焊钳；1900 年又出现了铝热焊。

20 世纪初，碳极电弧焊和气焊得到应用，同时还出现了薄药皮焊条电弧焊。电弧比较稳定，焊接熔池受到熔渣保护，焊接质量得到提高，使手工电弧焊进入实用阶段，电弧焊从 20 年代起成为一种重要的焊接方法。

在此期间，美国的诺布尔利用电弧电压控制焊条送给速度，制成自动电弧焊机，从而成为焊接机械化、自动化的开端。1930 年美国的罗宾诺夫发明使用焊丝和焊剂的埋弧焊，焊接机械化得到进一步发展。20 世纪 40 年代，为适应铝、镁合金和合金钢焊接的需要，钨极和熔化极惰性气体保护焊相继问世。

1951 年苏联的巴顿电焊研究所创造电渣焊，成为大厚度工件的高效焊接法。1953 年，苏联的柳巴夫斯基等人发明二氧化碳气体保护焊，促进了气体保护电弧焊的应用和发展，如出现了混合气体保护焊、药芯焊丝气渣联合保护焊和自保护电弧焊等。

1957 年美国的盖奇发明等离子弧焊；20 世纪 40 年代德国和法国发明的电子束焊，也在 50 年代得到实用和进一步发展；60 年代又出现激光焊等离子、电子束和激光焊接方法的出现，标志着高能量密度熔焊的新发展，大大改善了材料的焊接性，使许多难以用其他方法焊接的材料和结构得以焊接。

其他的焊接技术还有1887年，美国的汤普森发明电阻焊，并用于薄板的点焊和缝焊；缝焊是压焊中最早的半机械化焊接方法，随着缝焊过程的进行，工件被两滚轮推送前进；20世纪20年代开始使用闪光对焊方法焊接棒材和链条。至此电阻焊进入实用阶段。1956年，美国的琼斯发明超声波焊；苏联的丘季科夫发明摩擦焊；1959年，美国斯坦福研究所研究成功爆炸焊；50年代末苏联又制成真空扩散焊设备。

二、话说技术

1. 焊接方法

焊接技术主要应用在金属母材上，常用的有电弧焊、氩弧焊、CO_2保护焊、氧气-乙炔焊、激光焊接、电渣压力焊等多种，塑料等非金属材料亦可进行焊接。金属焊接方法有40种以上，主要分为熔焊、压焊和钎焊三大类。

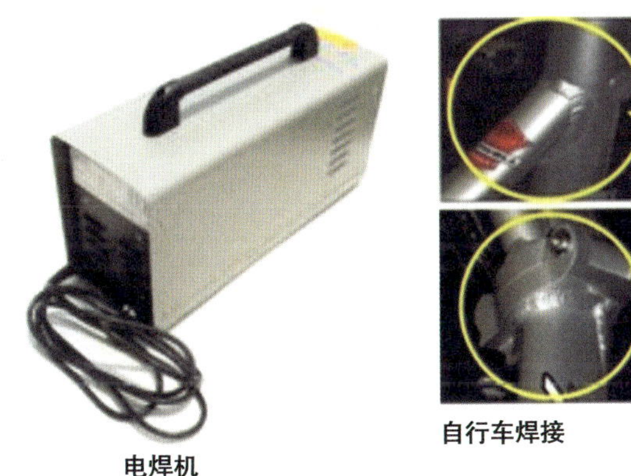

电焊机

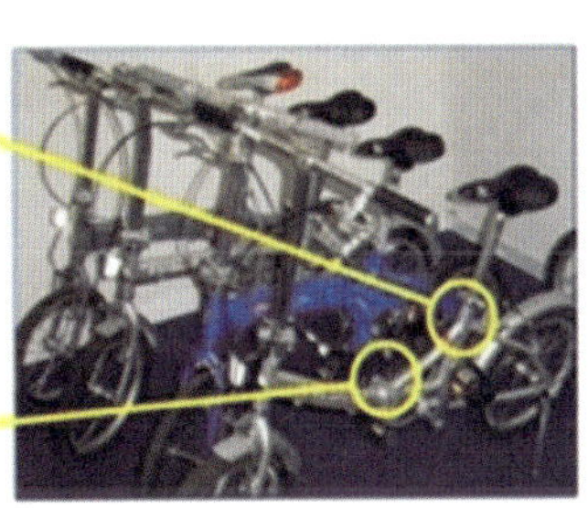

自行车焊接

焊接操作形成的，也只有通过焊接的方式才会产生这些艺术语言。焊接艺术作品的表面效果是其他金属加熔焊在焊接过程中将工件接口加热至熔化状态，不加压力完成焊接的方法。熔焊时，热源将待焊两工件接口处迅速加热熔化，形成熔池。熔池随热源向前移动，冷却后形成连续焊缝而将两工件连接成为一体。

在熔焊过程中，如果大气与高温的熔池直接接触，大气中的氧就会氧化金属和各种合金元素。大气中的氮、水蒸气等进入熔池，还会在随后冷却过程中在焊缝中形成气孔、夹渣、裂纹等缺陷，恶化焊缝的质量和性能。

压焊是在加压条件下，使两工件在固态下实现原子间结合，又称固态焊接。常用的压焊工艺是电阻对焊，当电流通过两工件的连接端时，该处因电阻很大而温度上升，当加热至塑性状态时，在轴向压力作用下连接成为一体。

各种压焊方法的共同特点是在焊接过程中施加压力而不加填充材料。多数压焊方法如扩散焊、高频焊、冷压焊等都没有熔化过程，因而没有像熔焊那样的有益合金元素烧损，和有害元素侵入焊缝的问题，从而简化了焊接过程，也改善了焊接安全卫生条件。同时由于加热温度比熔焊低、加热时间短，因而热影响区小。许多难以用熔化焊焊接的材料，往往可以用压焊焊成与母材同等强度的优质接头。

钎焊是使用比工件熔点低的金属材料作钎料，将工件和钎料加热到高于钎料熔点、低于工件熔点的温度，利用液态钎料润湿工件，填充接口间隙并与工件实现原子间的相互扩散，从而实现焊接的方法。

焊接时形成的连接两个被连接体的接缝称为焊缝。焊缝的两侧在焊接时会受到焊接热作用，而发生组织和性能变化，这一区域被称为热影响区。焊接时因工件材料焊接材料、焊接电流等不同，焊后在焊缝和热影响区可能产生过热、脆化、淬硬或软化现象，也使焊件性能下降，恶化焊接性。这就需要调整焊接条件，焊前对焊件接口处预热、焊时保温和焊后热处理可以改善焊件的焊接质量。

2. 焊接工艺

焊接是一个局部的迅速加热和冷却过程，焊接区由于受到四周工件本体的拘束而不能自由膨胀和收缩，冷却后在焊件中便产生焊接应力和变形。重要产品焊后都需要消除焊接应力，矫正焊接变形。

现代焊接技术已能焊出无内外缺陷的、机械性能等于甚至高于被连接体的焊缝。被焊接体在空间的相互位置称为焊接接头，接头处的强度除受焊缝质量影响外，还与其几何形状、尺寸、受力情况和工作条件等有关。接头的基本形式有对接、搭接、丁字接（正交接）和角接等。

对接接头焊缝的横截面形状，决定于被焊接体在焊接前的厚度和两接边的坡口形式。焊接较厚的钢板时，为了焊透而在接边处开出各种形状的坡口，以便较容易地送入焊条或焊丝。坡口形式有单面施焊的坡口和两面施焊的坡口。选择坡口形式时，除保证焊透外还应考虑施焊方便，填充金属量少，焊接变形小和坡口加工费用低等因素。

厚度不同的两块钢板对接时，为避免截面急剧变化引起严重的应力集中，常把较厚的板边逐渐削薄，达到两接边处等厚。对接接头的静强度和疲劳强度比其他接头高。在交变、冲击载荷下或在低温高压容器中工作的联结，常优先采用对接接头的焊接。

搭接接头的焊前准备工作简单，装配方便，焊接变形和残余应力较小，因而在工地安装接头和不重要的结构上时常采用。一般来说，搭接接头不适于在交变载荷、腐蚀介质、高温或低温等条件下工作。

采用丁字接头和角接头通常是由于结构上的需要。丁字接头上未焊透的角焊缝工作特点与搭接接头的角焊缝相似。当焊缝与外力方向垂直时便成为正面角焊缝，这时焊缝表面形状会引起不同程度的应力集中；焊透的角焊缝受力情况与对接接头相似。

角接头承载能力低，一般不单独使用，只有在焊透时，或在内外均有角焊缝时才有所改善，多用于封闭形结构的拐角处。

单面焊双面成形焊缝

焊接产品比铆接件、铸件和锻件重量轻，对于交通运输工具来说可以减轻自重，节约能量。焊接的密封性好，适于制造各类容器。发展联合加工工艺，使焊接与锻造、铸造相结合，可以制成大型、经济合理的铸焊结构和锻焊结构，经济效益很高。采用焊接工艺能有效利用材料，焊接结构可以在不同部位采用不同性能的材料，充分发挥各种材料的特长，达到经济、优质。焊接已成为现代工业中一种不可缺少，而且日益重要的加工工艺方法。

作为一种工业技术，焊接的出现迎合了金属艺术发展对新工艺手段的需要。而在另一方面，金属在焊接热量作用下所产生的独特美妙的变化也满足了金属艺术对新的艺术表现语言的需求。在今天的金属艺术创作中，焊接可以而且正在被作为一种独特的艺术表现语言而着力加以表现。艺术创造与工艺方法永远是密不可分的。

金属焊接艺术可以作为一种相对独立的艺术形式以分支的方式从传统的金属艺术中分离出来,这是因为：

首先，焊接具有艺术性。焊接可以产生丰富的艺术创作的表现语言。焊接通常是在高温下进行的,而金属在高温下会产生许多美妙丰富的变化：金属母材会发生颜色变化和热变形（即焊接热影响区）；焊丝熔化后会形成一些漂亮的肌理；而焊接缺陷在焊接艺术中更是经常被应用。焊接缺陷是指焊接过程中,在焊接接头产生的不符合设计或工艺要求的缺陷。其表现形式主要有焊接裂纹、气孔、咬边、未焊透、未熔合、夹渣、焊瘤、塌陷、凹坑、烧穿、夹杂等。这是个十分有趣的现象：焊接的艺术性通常体现在一些工业焊接的失败操作之中,或者说蕴藏于一些工业焊接极力避免的焊接缺陷之中。

其次，焊接艺术语言是独特的。上述种种焊接缺陷的表现形式以及焊接热影响区,是通过一定规范下的工艺无法或者很难实现的，因而说焊接艺术具有独特的艺术性。

选用不同的金属材料，使用不同的焊接工艺,焊接的艺术性可以在不同的金属艺术形式中发挥得淋漓尽致：

金属焊接壁饰，如果把一幅壁饰作品看成一幅画的话，画面中的点、线、面、黑、白、灰甚至颜色的处理都可以通过焊接的方法来实现。各种型号、各种材质的金属丝，应用不同的焊接工艺会在画面上以不同的形式出现。不同金属的颜色不同,不锈钢的亮银色、铝材的亚银色、碳钢的乌亮色，钛钢、青铜、紫铜、黄铜……而且就钢材来说，不同的钢材在高温受热时会出现不同的颜色变化，即焊接热影响区不同。另外，切割也是焊接艺术壁饰创作的方法之一，既可以与焊接结合使用，也可以单独使用，这完全取决于创作者的创作意图和对工艺与效果的掌握程度。以上所述的这些方法综合起来，变化的丰富可想而知。

手工等离子切割，利用切割时电流的热量，使切割边缘产生热影响区，这样就给亮白色的不锈钢“染”上了一圈略带渐变的色彩。同时,通过对焊接规范的调节，割枪喷出的强烈气流会在切割钢板熔化的瞬间在切割边缘“吹”起一圈随机形成的肌理,在切割完成金属冷却后，固化为一道美丽的割痕，与中间平坦光亮的不锈钢板材形成了质感的对比。这种随机效果的形成过程带有一定的偶然性，但又是在一定的焊接规范下必然产生的现象。

从尺寸的角度考虑，尺寸较大的焊接艺术壁饰可采用半自动 CO_2 气体保护焊，较小的可采用手工钨极氩弧焊。

3. 手工焊接技术

手工焊接是传统的焊接方法，虽然批量电子产品生产已较少采用手工焊接了，但对电子产品的维修、调试中不可避免地还会用到手工焊接。焊接质量的好坏也直接影响到维修效果。手工焊接是一项实践性很强的技能,在了解一般方法后,要多练；多实践，才能有较好的焊接质量。

三、话说岗位

焊接技术应用专业中职毕业生主要面向加工制造相关企业与咨询服务单位，可以从事焊接技术应用工艺与安全管理和焊接质量与材料检测等工作。

岗位：焊工、质量员、资料员、材料员、预算员（造价员）等职业岗位群。

四、话说发展

在近代的金属加工中，焊接比铸造、锻压工艺发展较晚，但发展速度很快。焊接结构的重量约占钢材产量的45%，铝和铝合金焊接结构的比重也不断增加。

未来的焊接工艺，一方面要研制新的焊接方法、焊接设备和焊接材料，以进一步提高焊接质量和安全可靠性，如改进现有电弧、等离子弧、电子束、激光等焊接能源；运用电子技术和控制技术，改善电弧的工艺性能，研制可靠轻巧的电弧跟踪方法。

激光焊接

焊接机器人

另一方面要提高焊接机械化和自动化水平，如焊机实现程序控制、数字控制；研制从准备工序、焊接到质量监控全部过程自动化的专用焊机；在自动焊接生产线上，推广、扩大数控的焊接机械手和焊接机器人，可以提高焊接生产水平，改善焊接卫生安全条件。

第十二章 规划职业

第一节 职业规划

古语有云："欲速则不达。"老子说："合抱之木，生于毫末；九层之台，起于累土；千里之行，始于足下。"荀子说："不积跬步，无以至千里；不积小流，无以成江海。"这些道理告诉我们，职业发展也要遵循循序渐进的自然规律。职业规划就是对职业生涯乃至人生进行持续的系统的计划的过程。

结合中职生年龄特点，本书提出了九项重要的职业规划提示。

NO.1 学习的步伐不停止

古人说："活到老，学到老。"终身学习应该是你的座右铭。世界在不断变化，每个人都在寻找各自的事业途径。你只有保证了足够的技能储备，才能确保能够得到一份足够满意的工作。为了保证你的职业发展，你应当定期地更新你的技能和知识。

NO.2 学会问、学会听，学会学习

一个好的倾听者可以习得更多。多听取来自同事、老板以及上级的声音。你可以从他们的经历中学到更多。问一些你感兴趣的话题，然后听听他们怎么说。让他们告诉你事业如何运作，以及如何可以做得更好。大多数人都是乐意帮助你的。

NO.3 为目前的工作全力以赴

你目前的工作可能是开始你职业生涯的最好起点。从本职工作做起，从现在做起，做好当前的工作，没有保留地尽到自己的职责，证明自己是一名有价值的员工。你所做的工作终究会得到回报。

NO.4 构建人际网络

你的下一个职业阶段很可能得益于你的人际网络。据相关统计，超过 50% 的工作都是通过关系网络获得的。如果你拥有良好的人际网络，那么它会助你发现未来的职业，开拓新的方向，获得新的机会。请在新的关系上多花些时间吧！同时请不要忽略对已有关系的保持。从你的人际网络获得有价值信息的最佳途径之一是定期地问候你的交际人，以便了解他们正在做什么，以及有关其职业的新情况。

NO.5　识别你的工作

识别真正重要的工作，而不是去假设。一定要确定你目前所做的工作不是因假设得来的，否则那样会浪费你很多时间和才华。当你着手一份新的工作时，一定要和主管聊聊首要的那些工作。如果你无法确定哪方面是重要的，就去询问他吧。多谈几次也没关系，久而久之你会经常对事实上的重要任务与你所作的假设之间差距感到惊讶，也会在这种差距的弥补中得到发展。

NO.6　慎重决定下一个工作

在你开始未来的职业生涯之前，一定要认真考虑你理想中的工作。你理想的职业应该是什么样的呢？最关键的是，你一定要乐在其中。你是否乐于为其他的同事承担责任？你喜欢和人打交道还是摆弄技术？你希望自己创业吗？你希望成为一位艺术家、一位设计师、一名熟练的工程师，还是一名管理人员？在你为构建未来的职业生涯之前，请明确你的目标。

NO.7　为未来做准备

为了明天的梦想，今天就要进行准备，一刻也不要耽搁。现在就更新你的履历，并且定期持续对其更新。明天你也许就会看到梦想实现的曙光。为此，你需要准备一份专业的履历，准备好为你的雇主展现潜力无穷的你吧！如果你不清楚如何写一份履历，或者如何描述自己，请现在就开始学习吧。

NO.8　量力而行

选择适合个人能力的任务。你可以通过不同的方式来构建未来的职业生涯。你可以通过学习各类型的书籍和教程来为职业添砖加瓦。参加一些带有认证测试的短期培训应该可以为你的履历增加不少分量。同时不要忘了：培养新技术所需要的最具价值的资源是你目前从事的工作。不要为自己设置不可能完成的任务！

NO.9　实现您的梦想

把梦想落实为行动！不要让繁忙的工作扼杀你的梦想。假如你有着更高远的目标，请现在就付诸行动吧！如果你计划接受更高的教育，获得更好的工作，或者开一间属于自己的公司等，请不要以日常的工作作为等待的借口。你的日常工作会变得越来越忙，你会陷入激烈的竞争中，并耗尽自己的能量。如果你此刻就存有能量，那么现在就使用它去实现您的梦想吧！

第二节　求职技能

求职，对于中职毕业生来说，主要是为了谋求一份适合自己的工作，进而争取在事业上有所发展。求职，是一个十分重要的人生转折点。其实，求职有技巧又无技巧，把别人所谓的技巧套在自己身上，当然未必合适，应当根据自身的情况和不同的用人单位，如实地推荐自己。过于谦虚会使用人单位对你没有信心，夸大其辞最终又会被揭穿，使用人单位对你没有信任感。只有找准自己的职业定位、号准用人单位的脉搏、做好求职前的各种准备，这样才能在就业过程中立于不败之地。

一、求职准备

机遇偏爱有准备的头脑，我们在准备的时候并不知道是否会被选择，什么时候被选择，但也要为被选择而随时储备着。因为准备本身就是一种素质，是衡量你是否具有被选择的资格的要素之一。

1. 获取就业信息

在现代社会，就业不仅取决于知识、能力、综合素质、社会需求等因素，也取决于个体所获得就业信息的量与质，以及个体收集、处理、应用就业信息的能力。就业信息，既包含招聘信息，同时也包含各级各类就业政策、公司的各种情况、国家的就业形势以及每年的就业数据，等等。

就业信息获取途径：学校就业指导部门，各类毕业生就业服务机构和就业市场，个人和家庭的各种社会关系，校外实习、实践等活动，互联网络，舆论媒体。

2. 处理就业信息

择业者对已获得的信息要加以辨别，判断信息的真实性、可靠性。正像市场上存在着不少假冒伪劣产品一样，招聘也夹杂着一些五花八门的骗局，对此求职者应有足够的警惕。对一些虚假广告、变相利用、剽窃智力的招聘信息要有所警惕，切莫上当。

案例一：

据《北京娱乐信报》通过调查发现，在各种方式的职场骗局中，最常见的就是收取保证金、押金，比例占到了28.16%，其次是遭遇“虚假职位信息”，占17.17%，遭遇“利用试用期榨取劳动力”占12.11%，而单位“突然人间蒸发”的占2.11%。这些都是在招聘过程中最常遇见的一些骗局，还有更为恶劣的占2.37%的“打着高薪聘请的旗号，实则进行色情服务”的诈骗违法行为。

分析：

凡是简单聊两句，草草应付面试后就说你被录用的招聘企业，往往重视的是你的“财”而不是你的“才”；不要轻信用人单位的口头承诺，任何试用期的要求和考核应该落在白纸黑字的书面上；同时也要考察一下该单位现在用人的情况，如果人来人往，怨声载道，还是吸取前车之鉴，另寻明主。

案例二：

毕业生小张在电子邮箱中发现一封聘用函，用人单位要求小张3天后到单位报到。小张通过网络找到了公司的网站，觉得公司比较正规，于是按时到单位报到，结果落入了传销团伙的手中。

分析：

遇到用人单位的录用信息，不要被兴奋冲昏了头脑。要冷静下来认真了解用人单位。首先，核实单位名称。很多黑企业的名称与名企的名称只有一字之差。其次，要核对录用函内容，对于单位电话、单位地址进行详细核对。再次，核实企业基本信息，将企业的基本信息与工商红盾网上企业注册信息进行详细核对。最后，要将录用函交由老师或同学，约定报到后定时保持联系。

3. 求职前的心理准备

（1）培养积极主动的求职意识。每个毕业生都应该尽早开始，注意培养积极的求职意识，了解所学专业的培养使用方向和适用范围，注意收集社会各方面的用人信息，不断调整自己的知识结构，不断修正自己的职业意向。

（2）培养竞争意识。对于每一个学生来说，只有具备了竞争意识，才能抓住稍纵即逝的最佳机会，才可能找到适合自己的最佳职业。从一般意义上说，就业机会对每个毕业生都是均等的，但实际上机会往往是属于那些具有竞争意识、有准备的人。从社会发展趋势看，社会对人才的需求，将越来越依靠人才市场、劳务市场来调节。因此，毕业生即将走向社会之前，应积极努力锻炼自己的竞争意识，培养良好的竞争心理，以便以良好的心理素质，在求职择业的激烈竞争中取胜。

（3）正确认识自我，实事求是地确定就业期望值。“知己知彼，百战不殆”，认识自己，无疑是直面人生、战胜困难的第一步。只有充分地认识、了解自己的兴趣、爱好、个性、能力以及所具有的技能，才可能确立正确的求职目标，按照自己的职业意向去寻求职业。中职生可以学习掌握一些心理学知识，对自己做出客观全面的评价。同时还要正确地认识社会，把自己置身于社会之中，在求职就业中争取适合自己的职业。千里之行，始于足下，不能好高骛远，要从小事做起。追求辉煌，人生固然可喜，但不要忘记，平平常常才是真。这样，才能使自己在激烈的就业竞争中始终处于主动地位。

（4）增强安全防范意识。要能够识别常见的就业陷阱，提高就业安全防范意识。一般而言，就业陷阱的特点是目的明确，基本都是以敛取钱财、廉价征用劳动力和攫取毕业生智力资源为目的。设置陷阱的单位和中介大多是非正规公司，在招聘时不明确提供详细信息，单位名称、具体位置、经营范围和招聘要求等也含糊不清，提供的职位华而不实或追赶热门，但与实际工作不符。

小贴士：就业安全防范措施

No.1　招聘信息要仔细核查

（1）上网或通过其他途径查看，该单位（特别是企业单位、公司）登载的营业项目、报上刊登的项目、面试现场所见三者是否相符。

（2）登陆有关部门的网站查看，或与亲友交谈，看看该公司是否被列入黑名单之中。

（3）登录相关企业的网站核对招聘信息。

（4）只留移动电话而没有固定电话。有固定电话可通过114查询到相关业务电话、办公地址，等等。

（5）承诺待遇高，发展机会多但招聘条件对学历、经验要求反而低的企业慎入。一种情况可能是欺骗毕业生金钱；另一种情况可能是这个企业很不规范。

（6）尽量不收集非门户网站、非就业专业网站、没有工商行政机关备案标记网站的招聘信息，不收集小型个体劳动力市场提供的信息。

No.2　填写资料留有余地

（1）不要填写过于详尽的资料。

（2）只交证件影印本，不交证件证书原件，在复印件上最好注明“仅供应聘使用”。

（3）个人的联系方式一般提供手机号码和电子邮件，切记不要提供家庭详细住址、电话。

（4）记录好投放简历的情况。

No.3　面试

（1）面试前了解公司经营状况、规模、信誉度、员工使用及应聘岗位工作性质等。

（2）面试地点偏僻、隐秘或是转换面试地点的状况，或是要求夜间面试者，皆应加倍小心。

（3）单独面试时，让同学知道自己的去向及安排。如不能按时回来，应事先电话告知。

（4）面试需要付费的要特别注意，并可向劳动保障部门投诉。

No.4　签订合同

在合同中要写明保障从业人员劳动安全、防止职业危害的事项，切实保障自己基本的工作权利、休息权利及其他权利。用人单位应为员工购买社会养老保险、医疗保险、失业保险等。

对于特殊行业，用人单位应该提供必要的劳动安全保护工具，定期进行体检，确保员工身体健康。有以下合同不要签：

（1）“生死合同”：如有“发生伤亡事故，单位概不负责”等不法、不当条款的合同。

（2）“暗箱合同”：这类合同隐瞒工作过程中的职业危害。

（3）“霸王合同”：强调自身的利益，无视从业人员依法享有的权益。

（4）“卖身合同”：无条件听从用人单位安排。

（5）“双面合同”：一份合同用来应付有关部门的检查，一份用来约束从业人员。

No.5　防范传销

（1）识别传销。传销组织者承诺给予参加者高额回报发展他人，以此组成上下线紧密联系的传销网络；不以销售商品为最终目的，而以发展人员数量，骗取钱财为最终目的。

（2）防范传销。绝口不谈工作只是邀请游玩；要看你的身份证、借手机等。

（3）网上传销。传销人员通过建立网站，利用互联网发布虚假信息，诱骗他人将钱款直接汇入传销人员的账号，购买网页空间等产品。

No.6　遭遇伤害敢于维权

（1）认真学习有关保障劳动者权益的法律法规，学会保全证据。

（2）在遇到劳动侵权现象时，可以向当地劳动保障监察机构进行投诉，或者向当地劳动争议仲裁委员会提出申诉。

（3）注意时效性。如劳动争议申请仲裁的时效期间为一年。

（4）发现传销行为，应当向传销行为地的工商行政管理机关和公安机关举报。

（5）对涉嫌诈骗的企业或中介也可以向公安部门报案。

二、自荐的技巧

自荐的能力和技巧在毕业生求职择业中占据了重要的位置。学会推荐自己，把握推荐自己的方法和途径，训练和提高自荐信的写作能力，可以说是毕业生求职择业的必备素质之一。

（一）备好书面材料

1. 个人简历

简历既可以是求职信的附件，也可以是一份独立的文书，写好简历的难处，是在极有限的字数内（最好让人在一分钟左右看完）素描自己，用经历和数字全面而有重点的展示自己的综合素质。准备一份好的简历需要有很强的创造力。简历必须能吸引阅读者的注意力，要靠简洁明了的语言风格、富于逻辑性的格式、简明扼要的内容体现出来。

2. 求职信

求职信的写作要点及原则。

（1）了解自荐要点：求职信应全面介绍自己在校期间各方面的情况和表现，但也不能巨细不分，要突出重点，抓住要点，集中展示个人的特长和个性，一般而言，求职信应包括：①姓名、性别、年龄、政治面貌、家庭所在地；②所在学校、所学专业；③学位名称、毕业时间；④学习的主要课程及成绩、知识结构和能力专长；⑤所承担的学生工作；⑥主要奖惩情况；⑦求职意愿；⑧对待工作和事业的态度，等等。

（2）开头第一句话要引人注目，内容要有闪光点，找准自己与众不同之处，让招聘方无法忽视你的存在。并根据招聘方的要求，重点列出自己的长处、成绩及经历，有具体的数字和事例更好。

（3）遵循职业道德，即实事求是，诚实无欺。在写作求职信时，应如实反映本人情况，不能弄虚作假。在表达求职愿望时，应诚挚恳切，不卑不亢，盲目的自信和过分的谦卑，往往都会引起用人单位的反感，失掉宝贵的机会。

（4）应该有所针对，有的放矢。部分毕业生在毕业求职前，都要打印很多份千篇一律、笼而统之的求职信，这些求职信适用于各个单位，对这样的求职信用人单位是不感兴趣的。既然求职，就应对用人单位表示应有的理解、尊重和向往之意，对用人单位在社会经济发展中的地位、性质、特点和作用及用人政策等有所了解。在此基础上写求职信就有了一定的针对性，用人单位看了以后，才会认为求职者有诚意和准备，才会引起重视并大大增加求职者成功的机会。

（5）最好是把求职信直接寄到或送到招聘主管手中，指明收信人，注意使用正确的称谓。同时，注意文法格式，求职信本身就是书面表达能力的一种证明。要做到书写工整、文面整洁。长度以1 000～1 500字左右为宜，使用A4纸打印，然后亲笔签名。

（二）电话自荐

1. 打电话前的准备

（1）电话内容：一是要尽量收集用人单位的情况，包括单位性质、隶属关系、业务范围、用人计划、企业文化，等等，只有在此基础上，才能对如何包装自己做到心中有数。二是要客观公正地认识自己，包括自己的专业特长、性格爱好等。三是要根据用人单位的实际情况，结合自己的特点，对自己的谈话内容做全面的考虑。在打电话之前，最好列出一份简单的提纲，然后按照提纲，全面、有条理、有重点地介绍自己，力争给受话人留下深刻的印象。

（2）心理准备：对于性格开朗、外向的求职者来说，电话自荐即使不能说是驾轻就熟，但也不是难事。对于一些性格内向、较少与外界打交道的求职者来说，电话自荐过程就需要克服紧张、不安、焦躁的情绪。要善于推销自己，就要努力控制不良情绪，保持良好的心理状态，让受话者能在与你交谈的过程中感受到你的朝气和锐气以及积极向上、有礼有节的良好品质。

因此，打电话之前要调整好自己的心态，不能太紧张。告诉自己：这不过是打一个电话而已，即使效果不尽如人意也不必太在意，还有别的许多机会可以选择。要努力控制自己打电话过程中的语音、语调、语速，保证在介绍情况时全面完整地表达自己。总之，每打一个电话，都是总结经验，调整自己的求职战略过程，可以不断完善自己的电话求职的方法与技巧。

2. 电话礼仪

（1）电话自荐的对象。一般来说，电话自荐适合于在对用人单位较为了解的情况下使用，比如自己曾经实习过的单位、曾经寄过求职信的单位或者有过来联系的单位。对这样的单位，如果有一定的了解，容易掌握更多的信息，尤其是人事部门的信息，也能够找到更多的交谈话题。

（2）打电话的时间。一般选在上午 9 点至 10 点钟较为合适。最好不要一上班就打，要给对方一个安排工作的时间。一般情况下，下午 4 点以后不宜再打电话。

（3）音量、语速的控制。一般说来，打电话的音量要比平常说话声音略高，吐字清晰，以保证对方能够听得清楚；另外，语速可稍快于平常讲话，但应保持平稳。

（4）通话时间。随着时代的发展，人们的时间变得越来越宝贵。为了提高工作效率，人们都希望在在最短的时间做最多的事情。因此，电话自荐要注意控制双方对话的时间，力争在两分钟以内把自己的情况介绍清楚，并且能够引起对方的注意。这需要求职者在通话之前作好充分的准备。

（5）尊称和礼貌用语的使用。尊称和礼貌用语的使用要贯穿通话过程的始终。短短几分钟的通话，也能够体现个人修养和人际交往水平。彬彬有礼的人，最容易引起别人的好感。

三、面试技巧

面试是就业的必经之路，是求职过程中的关键环节。用人单位负责人往往通过与求职毕业生的当面交谈，来了解、把握应聘毕业生是否具有良好的心理素质、应变能力、分析问题和解决问题的能力、逻辑思维和判断能力，同时了解应聘毕业生的为人处世态度和敬业精神等。可见，面谈在择业求职中占有极其重要的位置，如果不掌握面试的技巧，就可能因交谈不慎，失言、失礼，而给对方一个不良的印象，甚至导致求职的失败。因此，对于毕业生来说，掌握面试的技巧，无疑是十分重要的。

1. 面试的准备

招聘面试是一种目的极强的交谈。面试前必须认真做好准备。面试前要整理好自己的思路，把想说的和应该说的内容，事先打好腹稿，并选择恰当的表达方式。必要时可先在家里对着录音机“预演”多遍，然后打开录音机，自我评价其语言、效果和表达方式是否最佳。有条件可请老师或同学进行评价。

（1）知己。所谓知己，就是熟练地把握自己各方面的情况，其内容主要有两个方面。一是自身的基本情况，包括所学专业及主要课程的成绩和自己掌握知识的程度；理论联系实际的情况；在校期间所从事过的社会工作及其职位；受表彰奖励情况和科研成果。除此之外，对自己的某些特长、爱好、兴趣等也要熟悉和把握。二是职业意向方面的内容，主要包括求职目标、求职目的、追求某一职业的态度和决心，等等。

（2）知彼。所谓知彼，是了解并熟悉用人单位的地址和环境、全员人数、机构设置、厂标、厂训、厂规、厂纪及工作岗位性质、产品的知名度、业务范围和发展情况等。

（3）推销自己。应试前要做好适度的“推销自己”的准备。应试过程中，你始终处于被动地位，你一心想给用人单位留下一个良好的印象，有时却很难向用人单位表示出你哪些方面的能力和才华。所以，你应在应试前将自己在校期间所获得的知识、能力等，运用恰当的语言措辞将其准备好。在应试中选择恰当时机进行自我推销。目的是让用人单位真正了解你，觉得你是合适的人选。

（4）仪容、仪表、仪态。首先，要充满信心。只有充满信心，才有足够的勇气，才可能精神饱满，才能使你逻辑清晰，思维敏捷。其次，要注意衣着。在衣着问题上，除了整洁大方以外，应注意时间和场境。所谓时间，是指一年的“春夏秋冬”和一天的“早中晚”。所谓场境，指你参加应试的地点的情景。比如，用人单位让你去工厂车间里参加实际操作，你却西装革履（女同学披肩发、大摆裙、高跟鞋），这样衣着不合乎场境要求。

（5）材料。应试前应将自己的求职申请副本、在校学习期间的获奖证书及求职的有关材料准备好并随身携带，以便应试时查阅或及时提交对方查看，与求职无关的东西最好不要带。这样用人单位会觉得你处世办事周全而有条理。

2. 面试的语言技巧

（1）语气、声音、声调和语速。这在面试时占有十分重要的位置。如能用清晰平和、抑扬顿挫的语气、声音、声调与对方交谈，可使对方集中注意力听你说话，也有利于你更好的表达自己的意思；如运用粗俗、刺耳、模糊生硬的语气与对方交谈，会使对方听得烦躁乏味，以至于听不下去。说话的速度以对方能听清内容、明白意思、情绪愉悦为限。如说话速度太快，像放“连珠炮”似地说出来，对方不可能听清你所说的内容，更不可能明白你所说的意思，当然不可能掌握你说话的主旨；如说话速度太慢，像“老牛拉破车”，半天蹦不出一个字来，可使对方听得很不耐烦，而影响交谈效果。

（2）幽默风趣，灵活机敏。在交谈中，除清晰表达内容和意思外，可适时穿插一些幽默风趣的语言。因为幽默风趣的语言能表现出一个人的知识积累和灵活机敏的逻辑思维以及巧妙的语言表达艺术；幽默风趣的语言也正是幽雅气质和风度的体现；同时幽默风趣的语言能使双方很快消除陌生感，给交谈增添轻松愉悦的气氛；尤其当你遇到难以回答的问题时，幽默风趣的语言会使你化险为夷，反映出你灵活机敏和聪明才智，给对方以好感。幽默风趣，灵活机敏是当代毕业生心理素质的重要组成部分。所以，在校期间应注意培养锻炼自己这方面的能力。只要平时注意收集整理一些知识性、趣味性的素材，多看笑话集、民间谚语、名人典故，多听相声，和同学、朋友在一起时，讲讲笑话、开开玩笑等，可受到很好的培养和锻炼。

（3）过多重复，令人讨厌。在面谈过程中，若担心对方没有听清你所表达的意思，可将重要部分重复一遍。如果你总担心对方听不明白你说话的意思，一遍遍的重复，会令对方讨厌。因为，一而再、再而三地重复自己说话的内容，会使对方产生轻视的感觉，甚至可使对方感觉你说话、办事是一个唠唠叨叨、婆婆妈妈的人。所以，在面谈过程中，一定要按要领把内容简明扼要地说出来，可三言两语说完的内容，切不要拖拖拉拉。

3. 面试应注意的几个问题

（1）注重礼仪。无论在什么地方、场所，和人接触，礼仪是不可少的。不懂礼仪，对方觉得你缺乏修养。尤其在应试这样正式的场所，要特别注意礼仪。你的衣着打扮、言谈举止、行走坐姿等都应该符合礼仪规范的要求；还应做到谈吐谦虚、态度和蔼。这些礼仪对毕业生求职能否被录用，都有极其重要的关系。

（2）守时。时间观念是信誉问题，迟到几分钟也是迟到，主试者不喜欢时间观念淡漠的求职者，为保险起见，最好提前十分钟到达。这样才能体现你求职的诚意，又能给对方一种信任感。

（3）仪表端庄、衣着整洁。给对方第一信息是“整洁、干净、利落、形象好”，这样能在用人单位心目中树立良好的第一印象。

（4）沉着自如。当你到达应试地点后，千万不要紧张，表现得越自然越好。待主试人让你进屋时，进屋后按主试人示意就座，就座前，应说“谢谢”。保持良好的坐姿。回答提问时，要做到口齿清晰、声调柔和，音量使对方听见听清为限，不可太低或太高；要做到逻辑清晰、语言简练、内容完整，不用口头语。

（5）专注。应试过程中一定要专注，就是精力集中，用心应对主试人提问，切不要谈与应试无关的话题。

（6）应和。为了吸引对方，除了注视对方、专心听对方讲话外，恰当的时候，点头答话，与对方谈话以应和。

第三节　成长足迹

他们，是我们的学长，和我们在同样的校园成长。离开母校，进入社会，他们经历了什么？收获了什么？会带给我们怎样的启发呢？

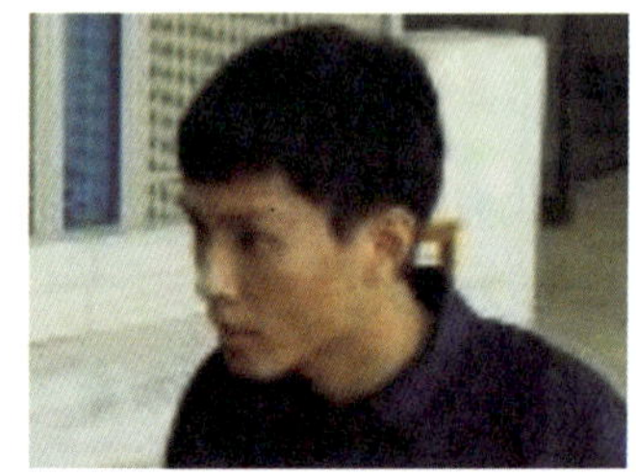

徐浙明，中共党员，绍兴中专2007届机电技术应用专业毕业生。2011年考入浙江机电职业技术学院应用电子专业，2014年被绍兴特招成为绍兴中专实习指导教师。曾获全国职业院校技能大赛中职组机电一体化组装与调试一等奖，全国职业院校技能大赛高职组“风光互补发电系统安装与调试”二等奖，指导学生在2014全国职业院校技能大赛中职组“天煌杯”液压与气动系统装调与维护赛项比赛中荣获一等奖。

徐成成，绍兴中专2009届黄酒专业毕业生。自主创业，现任创点广告策划有限公司总经理。

何戬，绍兴中专2002届图形处理专业毕业生，后取得浙江大学硕士学位，现任百度高级项目经理，负责百度贴吧的相关研发工作。

王海涛，诸暨市职教中心2008届汽修专业毕业生。毕业后创立了诸暨市舞道汽车服务有限公司，目前已经成为诸暨首个大型二类集改装与维修于一体的汽车服务企业。

许红芳，2001届绍兴市农业学校（后为诸暨市职教中心）园林专业毕业生，现为富阳市新海园林养殖有限公司的总经理。

龙金宝，贵州省丹寨县民族职业学校2014届级数控专业毕业生，现就职于贵州丹寨兴富祥欧泰机械设备有限公司，任机加车间技术员，能熟练掌握数控编程技术，是企业生产标兵。

马银斌，高中毕业后步入了打工者的行列，2007年成为青海省水电职业技术学校电气运行与控制专业学生，就读期间获得全国职业院校技能大赛二、三等奖的优异成绩。毕业后留校任教，业绩突出，在全省和全国教学大赛中获得一等奖，并指导学生参加全省全国大赛获奖，陆续被授予“水电四局岗位技术能手”“全省青年岗位能手”“维修电工技术状元”和“青海省技术能手”等荣誉称号。

安长彬，青海省水电职业技术学校2006届电气技术应用专业毕业生。中职毕业一年后，安长彬自主创业，看准青海旅游产业发展的良好前景，成为一位宾馆老板。

第四节　实践活动

一、职业生活体验活动

1. 活动目的

（1）提高学生的社会实践活动能力。

（2）将品德教育、法制教育、安全教育、劳动教育等融入实践体验活动之中，从而培养学生的独立意识、自主能力、合作态度和自信品质。

（3）通过职业生活体验，了解相关专业技术岗位的劳动过程，从而做好自我职业规划。

2. 活动时间

新生入学第一学期，为期一天。

3. 参与对象

一年级新生。

4. 活动地点

相关企业。

5. 活动过程

第一阶段：准备阶段。

① 学校联系好与专业相关的企业，洽谈好学生岗位体验的相关事项。接待企业做好参观路线设计并落实具体引导工作人员。

② 联系好接送车辆；对学生进行分组，指定好小组长，指派好带队教师若干名；对学生做好纪律和安全教育。

③ 任务布置：结合岗位体验要求学生做好资料收集、照片拍摄工作，发放岗位体验任务书，要求学生对照任务书内容了解岗位职责，并填写好相关内容。

第二阶段：参观阶段。

① 参观体验阶段。按照企业提供的体验岗位，每一组学生在相关专业岗位技术人员带领下开展职业体验活动，由小组组长注意组员的文明礼貌及安全防范。每组中一位同学负责活动图片的拍摄。在具体的体验活动中，每一个学生按照企业专业技术人员的要求，在所在的体验岗位上，扮演好一个角色，在体验中学到一些知识，掌握一点本领，体会一份劳动的快乐，获得一份难得的感受。

② 座谈交流阶段。学生与企业领导、专业技术人员进行交流座谈，以增进学生对企业的了解，进一步认识职业。

第三阶段：活动展示。

① 返校后，学生撰写体验报告，总结岗位体验感受。

② 组织班级交流活动，各组制作 PPT，要求图文并茂，对本组的岗位体验活动进行介绍。

二、职业生涯规划活动

1.活动目的

在职业岗位体验活动基础上，通过学生对自己的兴趣、爱好、能力、特点进行综合分析与权衡，根据自己的职业倾向，确定最佳的职业奋斗目标，并为实现这一目标做出行之有效的安排。

2. 活动对象

一年级学生。

3. 时间安排

分任务布置、任务实施和任务展示几个阶段完成，每个阶段可以为一周左右时间。

4. 活动过程

（1）认识自我。运用霍兰德职业兴趣量表进行测试，帮助学生了解自己的职业兴趣和职业能力。

（2）认识职业。通过文献阅读、观看视频、走访企业等途径，了解本行业的发展现状和前景。

（3）填写《我的职业生涯规划表》（以汽车维修专业为例）。

我的职业生涯规划表			
姓名		性别	
专业	汽车维修	特长及爱好	
目前所具备的职业素养			
行业发展前景	前景大好/前景一般/基本饱和/不容客观		
职业目标	汽车制造/销售/维修/驾培类 【1】汽车设计工程师【2】车身/造型设计【3】发动机及附件设计【4】底盘及传动系统工程师【5】汽车内外饰设计工程师【6】汽车零部件工程师【7】汽车焊接/涂装工程师【8】汽车总装工程师【9】汽车试验/测试/验车员 【10】4S 店展厅经理【11】整车销售/顾问/业务【12】汽车经纪/二手车估价师【13】汽车维修/售后经理/主任【14】汽车维修高级技工【15】汽车维修顾问/接车员【16】汽车美容【17】汽车零部件销售【18】驾驶培训【19】其他汽车制造/销售/维修/驾培类 一般职员/主管/经理/主任/负责人		
阶段性发展目标	在校期间		
	工作初期		
	工作中期		

三、寻访老职业

1. 活动目的

通过对某一个行业职业岗位过去、现状的了解，结合职业发展定律来思考一个职业的兴衰起伏，厘清该职业的发展历程，探讨其发展趋势。

2. 活动时间

寒暑假。

3. 活动对象

二年级学生。

4. 活动安排

（1）任务布置。学生按照居住地就近及自愿原则分组，5 人一组，确定小组长1名。每组确定自己调查的 5 种社会上仍存在或者已经消失的老职业。

（2）明确分工。在教师指导下，学生组内进行分工，并且明确调研活动的方法和途径。可以包括文献阅读、网络资料收集、走访街区、采访从业者等方法，搜集过程中既要有文字资料，也要有照片和视频材料。

（3）教师做好活动前的纪律、安全及文明礼貌教育。

（4）活动实施。学生按照各自分工开展调查，并按规定的时间将资料上交小组长。小组长组织组员对资料进行整理、分析，并形成一篇调查报告。

（5）活动展示。开学后，教师组织一次交流展示会，各组制作一个视频短片或者PPT汇报材料，进行 10 分钟左右的汇报。

（6）汇编成册。教师将学生的作品汇编成册，形成学习成果。

四、团队拓展训练活动

1. 活动目的

通过拓展训练，培养学生职业活动中必须的有效沟通技巧、团队合作意识及创新思维能力，增进学生间的相互认知和理解，提高班级凝聚力。

2. 活动时间

根据学校实际做出安排。

3. 活动场地

体育馆或者操场。

4. 活动准备

（1）学生分组：确定1名组长。

（2）器材准备：秒表、口哨、呼啦圈。

（3）活动前教育。

（4）着装要求：运动服、运动鞋。身体不适者需提前请假，活动途中不许无故离场。

5. 活动实施

游戏一：报数。

（1）所需时间：45分钟左右。

（2）小组人数：15人至20人左右。

（3）所需物品：秒表。

（4）游戏概述：一个关于促进团队效率游戏。

（5）游戏目的：第一，使团队通过竞争提高他们的效率；第二，使队员认真体会自己在团队里承担的责任；第三，让团队领导发现团队问题，改善团队管理方法，提升团队领导力。

（6）游戏规则：

① 将所有参加的人，在两分钟之内分成平均分成两组。

② 挑选男女队长各一名，组织团队进行比赛，队长不参加比赛。

③ 教练要求队长宣誓，问三个问题："有没有信心战胜对手""如果失败，敢不敢于面对队员的指责""如果失败，愿不愿意承担由此所带来的一切责任"。

④ 全队学员进行报数，速度越快越好。

⑤ 分别进行6轮比赛，每轮比赛间隔休息1分钟。

⑥ 每轮比赛进行奖惩。输者，由队长率领队员向对方表示诚服，并对对方队员说："愿赌服输，恭喜你们！"并由男女队长做俯卧撑10次，如果以后再输，俯卧撑的次数将会成倍递增。赢者，全队将哈哈大笑，以示胜利。

⑦ 记录每轮比赛的结果。

（7）游戏结束，教练引导大家讨论：

① 每个人都同意所有的意见吗？如果不是，为什么？

② 谈谈责任心对我们人生的体会？

游戏二：一圈到底。

（1）游戏时间：45分钟左右。

（2）小组人数：18人左右。

（3）所需物品：呼啦圈2个。

（4）游戏概述：人与人之间通过沟通互相了解，达成共识。此游戏旨在检视一个团队中人员彼此沟通的状况，同时帮助畅通沟通渠道，以推动今后的相互协作。

（5）游戏目的：使学员彼此以非语言形式进行沟通，以高难度沟通形式完成低难度活动。

（6）游戏规则：所有学员手拉手围成一圈，用呼啦圈穿过所有人的身体回到原位。在活动过程中，不能以语言为沟通工具，只能依靠肢体语言和眼神进行沟通，相互拉着的手不能放开，也不能用手指去勾呼啦圈。计时，看最快用了多少时间完成。

（7）游戏结束，教练引导进行讨论：

① 各位刚才是如何完成目标的？

② 刚才最关键的改善动作是什么？

③ 平时学习中是否也能这样互动，相互模仿学习，形成公式？

④ 你认为刚才的活动过程中对团队最有帮助的一点是什么？

⑤ 变化：可以思考以不同方式传递呼啦圈。

⑥ 心得交流：活动结束后，学生形成一份心得体会，教师组织交流活动。

五、个人求职简历设计比赛

1. 活动目的

个人求职简历是求职者向用人单位展示自己、推荐自己的重要手段，是通向面试的阶梯，简历的优劣在很大程度上影响着应聘的成败。

中职生个人求职简历设计比赛旨在为学生提供一个展现个人风采、相互交流学习的平台，并在活动的过程中了解设计、制作简历的基本要求和注意事项，从而为今后的就业求职打下良好的基础。

2. 活动主题

展个人风采，望职场未来。

3. 活动要求

（1）简历格式要求。

第一，作品规格：简历封面 + 简历表格内容。

第二，简历电子版形式为 Microsoft Word、PPT 等均可，形式越新颖越好。

第三，简历主要内容：求职意向、基本信息、社会实践经历、在校表现、自我评价等（包括教育背景，职业资格证书等级，所获奖励、荣誉，其他个人特长及爱好、技能、参与社团情况及社会实践活动等方面）。

第四，简历要求能够突出自己的个性，简洁实用。

第五，作品统一用 A4 纸制作和打印。

（2）作品上交要求：以班级为单位按照规定数量在规定时间内上交作品的电子文档及纸质文档 1 份。

4. 评选方式

（1）初赛：由评委老师对作品进行打分，评出优秀作品进入复审阶段（名额约占总作品数的50%）。

（2）决赛：

第一，每位参赛选手作简短的自我介绍，以取得评委对自己的印象分（2分钟）。

第二，自我作品展现，运用幻灯片对自己的作品作详细的介绍，重点是要突出作品的优势。（3分钟）。

第三，评委、观众现场提问。

5. 优秀作品展示

将获奖的优秀作品贴在系部的宣传栏进行展示借鉴。

推荐书目

1. 梁思成：《图像中国建筑史》，生活·读书·新知三联书店，2011 年版。

2. [日]安藤忠雄：《在建筑中发现梦想》，许晴舒，译，中信出版社，2014 年版。

3. 赵翰生：《中国古代纺织与印染——中国文化史知识丛书》，商务印书馆，2004 年版。

4. [英]詹妮弗·哈里斯：《纺织史》，李国庆，等，译，汕头大学出版社，2011 年版。

5. 赵航：《世界著名汽车标志全知道》，机械工业出版社，2012 年版。

6. 陈新亚：《汽车为什么会跑：图解汽车构造与原理》，机械工业出版社，2015 年版。

7. 王其钧：《行走中国诗情画境：中国园林》，上海画报出版社，2007 年版。

8. [美]吴欣，[英]柯律格，等：《山水之境：中国文化中的风景园林》，生活·读书·新知三联书店，2015 年版。

9. 潇潇：《服装店就这样赚钱》，文化发展出版社，2012 年版。

10. [美]乐文斯基：《世界上最具影响力的服装设计师》，周梦，郑姗姗，译，中国纺织出版社，2014 年版。

11. [德]乌尔里希·森德勒：《工业 4.0——即将来袭的第四次工业革命》，机械工业出版社，2014 年版。

12. [美]亚力克·福奇：《工匠精神：缔造伟大传奇的重要力量》，陈劲，译，浙江人民出版社，2014 年版。

13. [法]让·菲利普博泽克：《雅高：一个酒店传奇的诞生》，贺艺娇，译，广东旅游出版社，2015 年版。

14. 易钟：《酒店服务员应该这样做》，北京大学出版社，2014 年版。

15. 杨正洪：《智慧城市——大数据、物联网和云计算之应用》，清华大学出版社，2014 年版。

16. 郎为民：《大话物联网》，人民邮电出版社，2011 年版。

17. 洪向阳：《10天谋定好前途——职业规划实操手册》，上海大学出版社，2014 年版。

18. [美]邓宁：《你的职业性格是什么？》，王瑶，邢之浩，译，电子工业出版社，2014 年版。

19. [美]杰森·L.巴普蒂斯特：《没钱也能创业　互联网时代的创业指南》，王维丹，译，南方出版社，2015 年版。

20. [美]克里斯·安德森：《创客:新工业革命》，萧潇，译，中信出版社，2015 年版。

后 记

自去年动议到今日杀青，经过一年的实践、积累和反思，现在终于有了这么一份可供进一步思考的答卷和平台了，虽还不很成熟，有待提升的地方也很多，可辛苦之外，我们还是收获了一份经历和欣慰。

这是一个跨区域的多校合作项目，大伙着眼职业教育发展的大好机遇，以育人和课改为目的，结合各自工作实际和研究特长，分担了不同的工作：

主　　编：邵国成（绍兴中专）

策划监制：周一农（绍兴文理学院）

副 主 编：周洁人（诸暨职教中心）

冯　军（嘉兴科技信息学校）

江建平（青海水利学校）

於　芳（绍兴中专）

编　　委：金忠义　傅卫莉（第一篇）

阮晓丰（第二篇）

金华明（第三篇）

鲍　艳（第四篇）

本书在成书过程中还得到了上级领导和兄弟学校的指点和支持，在此，我们深表谢意。

由于水平有限，加上时间仓促，不足之处还望得到大家的批评和指正。

编者

2015 年 8 月 20 日

参考文献

[1] 邵国成. 基于国家中等职业教育改革发展示范学校文化建设的思考、实践与传播[J]. 绍兴文理学院学报，2014（12）.

[2] 唐麒. 世界五千年事物由来总集文教分册[DB/OL]. http://www.docin.com/p-675259400. html.

[3] 孙琳. 新中国职业教育的发展与变革[J]. 中国职业技术教育，2008(33).

[4] 解读“两会”热词“一带一路”[DB/OL]. http://baike.sogou.com/v76507736.htm.

[5] 中国制造2025[DB/OL]. http://baike.sogou.com/v100554851.htm.

[6] 跨境电子商务[DB/OL]. http://baike.sogou.com/v72253141.htm.

[7] 郭辉雄. 开辟语文“作业超市”[J]. 教育实践与研究，2005(10).

[8] 祁波. 对“作业超市”的几点思考[J]. 小学教学参考，2004(16).

[9] 张洪霖. 职业学教程[M]. 北京：北京工业大学出版社，2007.

[10] 蒋蓝. 老职业[M]. 重庆：重庆大学出版社，2007.

[11] 孙超. 新兴热门职业使用手册[M]. 北京：企业管理出版社，2010.

[12] 陈娟，等. 自由职业[M]. 北京：九州出版社，2002.